SIGNES PREMONITOIRES ET PRESAGES

Osaimond

SIGNES PREMONITOIRES ET PRESAGES

DE VECCHI POCHE
20, rue de la Trémoille
75008 PARIS

Quand nous considérons les événements passés de notre existence, nous regrettons souvent de n'avoir pas su prévoir ce qui allait nous arriver. Avant de nous trouver devant le fait accompli, nous étions plongés dans l'épais brouillard de l'ignorance, et le Destin ne nous a éclairés qu'après coup...

Pourtant, chaque événement est précédé de signes qui l'annoncent. Quand un orage est sur le point d'éclater, nous le savons par les nuages qui s'amoncellent; de même, nous pouvons apprendre à reconnaître et à interpréter les présages, ou signes prémonitoires[1], grâce auxquels le Destin nous révèle ses intentions.

Cette connaissance est-elle à la portée de tous? Certainement. Les signes où le Destin s'incarne sont exposés au grand jour; chacun de nous peut donc les voir. Toutefois, pour les discerner et connaître leur signification, une initiation est nécessaire.

Le présent ouvrage se propose de dispenser cette initiation à la science des signes. Ecrit pour le profane, il ne requiert aucune compétence préalable.

[1] Prémonitoire: du latin *praemonere*, prévenir, annoncer à l'avance.

INTRODUCTION

Les présages: superstition ou connaissance?

Dans l'opinion vulgaire, les présages relèvent exclusivement de la superstition. Voilà une erreur qu'il est important de dissiper d'emblée, pour éviter tout malentendu à propos de ce qui va suivre.

Qu'est-ce en effet que la superstition? C'est une croyance diffuse, un sentiment mêlé de confiance et de crainte, concernant ce qu'il faut faire et ce qu'il ne faut pas faire pour s'attirer la chance (ou le bonheur) et éloigner la malchance (ou le malheur). A ce titre, certains présages comptent parmi les superstitions les plus répandues: être treize à table, croiser un chat noir, renverser du sel, trouver un fer à cheval, etc.

Or les présages, à l'origine, sont autre chose que de simples superstitions, que l'on respecte sans les comprendre. Ils constituent une connaissance précise, la science des signes, qui est une partie de la philosophie occulte. Les superstitions ne sont que des formes dégradées de cette connaissance, qui est d'un ordre beaucoup plus élevé.

Pendant les millénaires précédant l'ère chrétienne, la connaissance des présages, sous le nom de divination, était considérée comme une science sacrée (d'où son nom, formé à partir de *divinus*, divin, qui a donné "deviner" et "devin"). C'était, littéralement, la science des dieux, la science qui nous égale aux dieux en nous faisant savoir ce qu'ils savent. Elle était donc fort en honneur chez les Egyptiens, les Chaldéens, les Grecs, les Romains et les autres peuples de l'Antiquité, qui n'entreprenaient rien d'important sans avoir consulté les devins.

Mais, avec le triomphe du christianisme, la divination, sous ses différentes formes (que nous préciserons plus loin), fut frappée d'interdit. Ceux qui la pratiquaient et ceux qui avaient recours à elle étaient sévèrement punis, si bien qu'elle devint clandestine — comme d'ailleurs les autres sciences interdites (magie, alchimie...) —.

Devenue secrète, la divination avait officiellement disparu. Mais, périodiquement, l'Eglise la condamnait à nouveau, ce qui prouve qu'elle ne cessa jamais d'être pratiquée; après chaque interdiction, elle renaissait de ses cendres. Mais, en se survivant ainsi, elle se dégradait de plus en plus: réduite en formules très brèves, souvent rimées pour être retenues plus facilement, elle se réduisit à des dictons, des proverbes, que les générations se transmettaient oralement. Certaines de ces formules nous sont parvenues (comme, par exemple, "araignée du matin, chagrin, araignée du soir, espoir").

Le message primitif, de moins en moins compris à mesure qu'il s'éparpillait en fragments isolés et déformés, s'est peu à peu mêlé au bon sens terre-à-terre des peuples ignorants. Les superstitions ne sont rien d'autre que cette survivance de la doctrine antique sous une forme corrompue. Elles sont donc loin d'être d'innocentes fantaisies: à travers elles nous parvient l'écho d'une connaissance oubliée.

Le pouvoir de conviction qu'elles ont gardé, à travers des siècles de transmission orale, est un héritage de cette origine lointaine. C'est pourquoi elles exercent une fascination même sur ceux qui n'y croient pas. L'individu le moins superstitieux en apparence, c'est bien connu, éprouvera lui aussi une certaine gêne s'il se trouve à une table de treize convives; qu'il se refuse à l'admettre n'y changera rien.

Cet héritage, toutefois, reste lettre morte si on se contente de croire aux superstitions, sans essayer de les comprendre. C'est pourquoi nous dirons au lecteur, paraphrasant la célèbre injonction de Dante: "Laissez là toute croyance, vous qui entrez!"

La divination

La divination, ou mantique, est la science des présages. Elle comprend toutes les formes de prédiction. Notons cependant qu'il existe une divination appliquée au passé: c'est la cathartique, science des expiations ou des purifications; les mêmes signes, en effet, qui servent à prédire l'avenir peuvent être utilisés pour connaître les choses passées. Nous ne traiterons ici que de ce qui concerne la prévision de l'avenir, c'est-à-dire les présages.

Un présage est un signe du Destin.

Connaître les présages, c'est être en mesure de recueillir des informations sur le sort que le Destin nous réserve dans telle ou telle situation. Un présage est un renseignement, un conseil du Destin, permettant de s'orienter, de prendre une décision; ce n'est pas un ordre ou une obligation que le Destin nous imposerait.

Faute d'avoir fait cette distinction, beaucoup de personnes se sont exposées à de graves déconvenues. En effet, la déception risque d'être grande si l'on attend des présages qu'ils nous donnent une claire vision de l'avenir. Les présages nous conseillent une attitude, nous invitent à peser nos actions; ils ne suppriment pas notre liberté d'agir, avec tous les risques qu'elle comporte, y compris celui de se tromper éventuellement.

Il ne faut donc pas attendre des présages une sécurité qu'ils ne sauraient donner. Ils nous aident à prévoir; mais prévoyance n'est pas voyance. La vision de l'avenir suppose, elle, ce don de clairvoyance. Aussi celui qui désire s'initier à la science des présages doit-il se répéter cet axiome, et le graver, pour ainsi dire, dans son esprit:

La science s'acquiert dans les livres,
mais le don s'acquiert par l'expérience.

Il est vain de demander à un livre plus qu'il ne peut donner. On ne trouvera donc ici que l'exposé d'une science, accessible à quiconque avec un minimum d'effort et d'attention. La vision surnaturelle, en revanche, n'est réservée qu'à quelques-uns, *pauci inter paucissimos* (rares parmi les plus rares). Elle est interdite au commun des mortels, ce qui est conforme à l'ordre des choses.

Indépendamment de la claire vision de l'avenir, la science des présages apporte indiscutablement une connaissance des tendances, des intentions du Destin à notre égard.

Mais ce serait mettre la charrue avant les bœufs que d'entrer prématurément dans le détail de ces explications. Aussi renvoyons-nous, pour la clarté du discours, tout ce qui concerne l'interprétation des présages (c'est-à-dire le sens qu'il faut donner aux présages en général, ce qu'il faut entendre par Destin, etc.) à la fin de l'ouvrage.

Nous ne nous occuperons, dans les chapitres qui vont suivre, que du sens littéral des présages dans toute la diversité de leurs manifestations particulières. Le lecteur pourra ainsi s'instruire des principes et des lois, du code, en quelque sorte, qui régit les présages, sans être influencé d'avance par une interprétation trop contraignante.

Les différentes formes de divination

Au cours des siècles, la divination a pris des formes innombrables.

Chacune de ces formes est un aspect, une manifestation différente de la divination. Toutes les méthodes divinatoires sont donc équivalentes; aucune n'est meilleure qu'une autre. Si certaines semblent plus précises, plus faciles à utiliser, d'autres plus vagues ou plus obscures, cela ne remet pas en cause leur efficacité. Le principe qui les régit, en effet, ne varie pas: la divination est une, bien que ses formes soient multiples.

L'histoire de la divination ne doit pas, en conséquence, être envisagée comme une évolution, au sens où, passant d'une forme à l'autre, la divination ferait de continuels progrès. Il faut bien voir qu'une méthode n'en supplante jamais une autre; elle s'y surajoute sans la supprimer. C'est pourquoi, à toutes les époques, des techniques diverses (et nombreuses) de divination ont coexisté.

Ce qui change au fil du temps, ce sont les aspects de la divination, sujets à la mode et au changement, comme toutes les choses terrestres. Tantôt celui-ci recueille la faveur du public, tantôt c'est celui-là. Mais la divination, en elle-même, ne varie pas.

On distingue deux formes principales de divination: la divination interne et la divination externe.

La *divination interne* correspond à ce don de clairvoyance dont nous avons parlé dans les pages qui précèdent. Elle met en jeu une faculté particulière d'abandon de la personnalité, l'inspiration (les Anciens lui donnaient aussi le nom d'enthousiasme).

La personne inspirée entre en transe. Elle sort ainsi d'elle-même, en quelque sorte, et laisse entrer à sa place quelque chose qui s'exprime à travers elle, dans son corps. Ce "quelque chose", dans les différents cas d'abandon de la personnalité, est soit un démon (on parle alors de possession), soit l'âme d'un mort (dans la communication avec l'au-delà), soit enfin (dans le cas qui nous concerne, c'est-à-dire la divination) une manifestation du Destin. Qu'on l'appelle Dieu, Apollon, ou de tout autre nom, n'a qu'une importance secondaire.

Remarquons que c'est cet abandon de la personnalité qui explique que les personnes inspirées ne comprennent pas toujours les paroles qu'elles prononcent. Parfois même elles s'expriment dans des langues qu'elles n'ont jamais apprises (c'est le phénomène de glossolalie), elles changent de voix, etc.

On appelle oracle ce que dit la personne en état d'inspiration. Un oracle est donc une sentence, une formule par laquelle le Destin s'exprime, nous donnant un conseil ou un avertissement concernant l'attitude que nous devons adopter. Par extension, le mot oracle désigne aussi la personne qui le prononce (ainsi, dans l'ancienne Grèce, on allait consulter l'oracle de Delphes).

Les personnes douées de cette faculté de prononcer des oracles ont reçu beaucoup d'autres noms. Citons les principaux: devin, voyant (on dit aussi voyant extra-lucide), illuminé, prophète (la prophétie est une forme particulière d'oracle), sybille, pythonisse, pythie (ces trois derniers étant réservés aux femmes), etc.

La vision de l'avenir dans une boule de cristal est la forme de divination interne la plus répandue dans nos contrées. Sous d'autres latitudes, on se sert plus volontiers d'autres méthodes; ainsi, pour ne citer qu'un exemple, l'écriture automatique est couramment utilisée en Chine.

La *divination externe* consiste à tirer des présages d'événements extérieurs. Elle comporte beaucoup plus de variétés que la divination interne car, à la différence de celle-ci, elle ne dépend pas seulement d'un don de clairvoyance, mais beaucoup plus de l'application d'une technique qui, elle, comme toutes les techniques, peut s'enseigner.

Pour les raisons invoquées plus haut, nous traiterons exclusivement de la divination externe, en laissant de côté ce qui a trait au don de clairvoyance. N'oublions pas cependant que la divination est un *art*; semblable en cela aux autres arts, elle requiert de l'amateur persévérance et habileté afin de développer son intuition naturelle. Mais il faut plus que la simple intuition pour l'exercer en maître.

Pour permettre au lecteur de se faire une idée de la diversité infinie des formes de la divination externe, en voici quelques-unes d'après un auteur du XVIIe siècle, Jean-Baptiste Thiers:

— La *Nécromancie, Necyomancie, Necye,* ou *Sciomancie*, qui se fait en appelant les mânes ou les ombres des morts qui paraissent ressuscités;

— la *Géomancie* qui se fait par les signes de la terre;

— l'*Hydromancie* qui se fait par les signes de l'eau;

— l'*Aéromancie* qui se fait par les signes de l'air;

— la *Pyromancie* qui se fait par les signes du feu;

— la *Lécanomancie* qui se fait par un bassin;

— la *Chiromancie* qui se fait par l'inspection des mains;

— la *Gastromancie* qui se fait par des vases de terre ronds;

— la *Métoposcopie*, ou inspection des traits du front;

— la *Cristallomancie* qui se fait par le cristal;

— la *Cléromancie* qui se fait par le sort;

— l'*Onychomancie* qui se fait par l'huile et la suie sur l'ongle;

— la *Coscinomancie* qui se fait par le crible ou le sas;

— la *Bibliomancie* qui se fait par un livre et particulièrement par le Psautier;

— la *Céphalonomancie* qui se fait par la tête d'un âne;

— la *Capnomancie* qui se fait par la fumée;

— l'*Axinomancie* qui se fait par les haches;

— la *Botanomancie* qui se fait par les herbes;

— l'*Ichtyomancie* qui se fait par les poissons;

— la *Catoptromancie* qui se fait par des miroirs;

— la *Dactyliomancie* qui se fait par des anneaux; etc.

Nous n'avons pas reproduit cette énumération (qui est loin, rappelons-le, d'être exhaustive) pour le simple plaisir d'aligner des mots savants, mais pour mettre en évidence un fait essentiel: la divination peut s'appliquer à n'importe quel objet. Non pas seulement à certaines choses ou certains êtres privilégiés, mais à la totalité des choses existantes. Tout est susceptible d'un déchiffrement divinatoire; les présages sont partout pour qui sait les voir.

Diverses classifications ont été proposées pour répartir cette multitude de formes dans un petit nombre de catégories. Nous en retiendrons deux, qui se combinent et sont à la fois les plus générales et les plus simples. Ce sont:
— la classification d'après les méthodes employées pour prédire l'avenir;
— la classification d'après les objets sur lesquels s'exerce la divination.

La classification d'après les méthodes distingue deux sortes de divinations:
— la divination *naturelle*, comprenant la divination libre et la divination rituelle;
— la divination *cérémonielle*, comprenant la divination simple et les sortilèges divinatoires.

Cette classification repose sur la différence, fondamentale en philosophie occulte, entre la magie naturelle et la magie cérémonielle.

La divination naturelle se pratique en tirant des présages à partir d'événements fortuits, en les déchiffrant selon un code précis. On observe ce qui arrive, en s'abstenant de toute intervention. La divination libre concerne les faits qui se produisent spontanément, sans avoir été aucunement provoqués (rencontres, accidents, etc.). La divination rituelle consiste à observer ce qui arrive dans certaines conditions précises, provoquées délibérément.

Un exemple de divination rituelle est l'alectryonomancie. On introduit un coq, préalablement dressé, dans un cercle autour duquel on a inscrit les lettres de l'alphabet, sur lesquelles sont disposées des graines; le coq, livré à lui-même, picore ça et là, indiquant ainsi les lettres formant la réponse à la question posée.

La divination cérémonielle se pratique en recourant à une manipulation destinée à provoquer, non les événements d'après lesquels on tirera des présages, mais ceux-là même que l'on souhaite voir arriver. La divination simple est la seule forme licite de divination cérémonielle: elle consiste à se prémunir par des formules ou des objets, afin de favoriser l'événement désiré.

Le sortilège divinatoire est, en revanche, dangereux et interdit. Celui qui l'emploie prétend forcer le Destin, le contraindre à se plier à ses intentions, ce qui est une déviation de la divination; c'est la divination employée à des fins de sorcellerie. Le sortilège est dangereux, car on n'est jamais sûr de pouvoir maîtriser les forces que l'on déclenche; et il est interdit, car on y a recours le plus souvent dans un esprit de malveillance et afin de nuire (même si cette intention n'est pas consciente).

Nous traiterons essentiellement de la divination libre et de la divination simple, qui sont les plus accessibles et les plus aisées à pratiquer pour l'amateur, la connaissance exacte des formes de la divination rituelle nécessitant des années de travail minutieux qui en font le domaine réservé des professionnels. Toutefois nous donnerons un aperçu des aspects essentiels de cette dernière, dont une connaissance sommaire est indispensable pour la pratique sérieuse de la divination libre. Quant aux sortilèges divinatoires, nous n'y ferons allusion qu'exceptionnellement, à titre d'exemple et de mise en garde.

En ce qui concerne la classification d'après les objets, les catégories principales des phénomènes divinatoires sont les suivantes.

1. Les *phénomènes extraordinaires,* qui bouleversent l'ordre des choses: comètes, éclipses, tremblements de terre, etc.
2. Les *éléments,* c'est-à-dire l'air, le feu, la terre et l'eau, d'où l'on dégage une symbolique élémentaire, applicable à toutes les formes de divination.
3. Les *astres,* premiers en dignité, qui président aux destinées individuelles.
4. Les *animaux,* parmi lesquels les oiseaux occupent une place prééminente.
5. Les *plantes* et les *minéraux*, qui se rattachent à la symbolique des couleurs.
6. Les *rencontres*, régies par des couples d'oppositions fondamentales: la gauche et la droite, le haut et le bas, le matin et le soir, etc.
7. Les *nombres*, qui méritent une attention particulière, car ils sont à la base de la compréhension du symbolisme en général.
8. La *physiognomonie,* comprenant l'étude des lignes de la main et du visage.
9. Les *jeux*, c'est-à-dire toutes les combinaisons de figures artificielles régies par un code conventionnel: tarots, cartes, etc.

Notre exposition de la science des présages suivra l'ordre de ces neuf catégories. Elle se distribuera donc en neuf chapitres, précédés d'un chapitre préliminaire traitant des principes fondamentaux de la divination.

CHAPITRE I
LES PRINCIPES DE LA DIVINATION

La philosophie occulte

La divination, avant son interdiction officielle par le christianisme, était une des attributions principales des prêtres païens. Leur doctrine était soigneusement cachée au commun des mortels; elle n'était révélée, au cours des Mystères, qu'à ceux qui avaient franchi avec succès les étapes de l'initiation religieuse.

Au moment où les diverses religions de l'Antiquité, qui s'étaient jusque-là maintenues, furent supplantées par l'Eglise chrétienne, "il se forma, rapporte l'*Histoire de la philosophie occulte* d'Alexandrian, une résistance pour maintenir l'esprit de ces cultes chthoniens où l'on voulait voir des vérités qu'il ne fallait pas laisser perdre".

Les derniers représentants des doctrines anciennes, pour les sauver de la destruction et de l'oubli, décidèrent d'en résumer l'essentiel dans un enseignement clandestin, la philosophie occulte (c'est-à-dire cachée). "On retint, comme un trésor de sagesse accumulé du fond des âges, les principes mêlés du pythagorisme, de l'orphisme, des mystères d'Eleusis, des religions pélagique, étrusque, égyptienne, hittite, phénicienne, en remontant jusqu'aux origines de Sumer. Il s'ensuivit, chez les philosophes en révolte, une tentative de récupération idéologique du paganisme dans le cadre chrétien, qui est précisément ce qu'on doit entendre par philosophie occulte" (*ibid.*).

Se réclamant d'une tradition qui cultivait par essence le secret, cet enseignement se voila plus encore sous des formules mystérieuses et des symboles indéchiffrables. Les livres où fut consignée, pour reprendre l'expression d'Oswald Wirth, "la Parole perdue des anciens Sages", évidemment anonymes, se réclamaient de personnages mythiques, Hermès, Adam, Salomon, supposés les avoir écrits. Ces ouvrages sont codés, cryptés, tout à fait muets pour qui n'en possède pas la clef. C'est pourquoi l'adjectif "hermétique", qui désigne au départ la doctrine d'Hermès Trismégiste (le Trois fois très grand), est devenu synonyme de tout ce qui est obscur, incompréhensible.

Cet aspect volontairement énigmatique a une signification précise. La philosophie occulte, en effet, enseigne que la Nature est comme un livre dont il faut apprendre à déchiffrer les caractères. Tout comme la Nature elle-même, le philosophe s'avance masqué, invitant ainsi à dépasser les apparences pour découvrir la vérité cachée. Il a recours aux symboles plutôt qu'au langage ordinaire, car les symboles sont l'alphabet du monde. La divination repose sur ce même principe; c'est pourquoi elle fait partie de la philosophie occulte.

Le langage des symboles

Selon la perspective étriquée qui ne considère que les apparences, chaque chose, prise en elle-même, est distincte de toutes les autres; elle ne représente rien, elle n'est que ce qu'elle est. Plaçons-nous maintenant au point de vue de l'unité du Tout, et non plus des choses envisagées individuellement: nous constatons qu'elles sont toutes liées entre elles, qu'elles communiquent les unes avec les autres. Les choses ne sont immobiles et figées qu'en apparence; en réalité, tout est dans un flux perpétuel.

Le monde se présente donc sous un double aspect. En surface, sa seule réalité réside dans le jeu des causes et des effets, dont la raison reconstitue l'enchaînement linéaire. Pragmatique, utilitaire, la raison distingue, sépare, elle dissocie les choses pour s'assurer une maîtrise sur elles; mais, limitée à cet unique aspect, elle laisse échapper le second, en fait le plus essentiel. Ce dernier, refoulé dans les limbes de la rêverie, est le monde des symboles, qui nous donne accès à la réalité profonde des choses en les replaçant dans une vision d'ensemble, dans leur perspective originelle.

Au lieu de distinguer comme le fait la raison, les symboles réunissent; au lieu de séparer, ils associent. Les symboles ne sont ni arbitraires, ni fantaisistes. Ils ont leurs lois, leur logique propre, et se retrouvent inchangés à toutes les époques, dans toutes les civilisations. “Combinés de manière à livrer aux esprits perspicaces le secret de leur interprétation, ils conduisent à découvrir les mystères d'un monde étranger aux étroites constatations objectives” (Oswald Wirth).

Opposée à la connaissance objective, dont l'instrument est la raison, cette connaissance symbolique met l'imagination au premier plan. Mais, livrée à elle-même, l'imagination ne fait que divaguer. Sous la domination de la raison, elle s'est réduite à n'être plus qu'une “maîtresse d'erreur et de fausseté” dont il faut se méfier. Pour la rendre à sa splendeur et à sa vérité premières, il faut réapprendre à l'utiliser, en l'exerçant patiemment.

Voici donc les principes fondamentaux de la connaissance symbolique, qui fournissent la clef de la science des présages.

Signes et symboles

Toute chose, sans exception, peut en représenter une autre. On dit alors qu'elle est le signe de cette autre chose.

Les symboles sont les clefs par lesquelles s'opère cette transformation, cette transmutation des choses. En eux se concentrent des significations multiples et même opposées. C'est pourquoi le langage ordinaire échoue à les exprimer. Susceptibles d'interprétations toujours renouvelées, ils étendent leurs ramifications à l'infini, se combinant sans cesse dans de nouvelles figures.

Les symboles permettent ainsi de passer d'un domaine de la réalité à un autre, d'un règne de la Nature à l'autre: ils sont l'alphabet grâce auquel les choses sont traduites en signes.

Correspondances

Les symboles reposent sur la loi des correspondances. Nul n'a mieux suggéré que Baudelaire cette loi universelle:

> *"La Nature est un temple où de vivants piliers*
> *Laissent parfois sortir de confuses paroles;*
> *L'homme y passe à travers des forêts de symboles*
> *Qui l'observent avec des regards familiers.*
>
> *Comme de longs échos qui de loin se confondent*
> *Dans une ténébreuse et profonde unité,*
> *Vaste comme la nuit et comme la clarté,*
> *Les parfums, les couleurs et les sons se répondent."*

La loi des correspondances établit, par-delà les distinctions apparentes et objectives des choses, un système de liaisons, de résonances, sur la base du principe d'analogie, dont voici la formule: A/B = C/D

Cette formule abstraite exige un commentaire. Elle signifie que toute chose qui a un équivalent dans le système des correspondances symboliques peut être remplacée par cet équivalent, se substituant à elle exactement comme si c'était elle-même qui était présente.

Ce qui se traduit par ces conséquences essentielles:

1. *Il n'y a aucune différence entre une chose et sa représentation.* Par exemple, si l'on dit: "voir un loup est le présage d'une visite prochaine", le présage ne s'applique pas seulement à un vrai loup, mais aussi bien à un loup empaillé qu'à une image représentant un loup, ou encore à un rêve où figure un loup, etc.

2. *Une partie d'une chose vaut pour la chose entière.* Toujours d'après notre exemple du loup, une patte de loup, une peau de loup, une tête de loup, etc., sont équivalentes au loup entier.

3. *Deux choses qui ont un rapport entre elles, quel que soit ce rapport, sont équivalentes.* C'est l'association d'idées qui est le principal support de l'imagination; ainsi, ayant rêvé de la rencontre d'une personne portant un "loup" (sorte de masque), nous pouvons en tirer le même présage que s'il s'était agi de l'animal de ce nom. Toutes les métaphores (expressions où l'on remplace une chose par une autre) et les figures apparentées à la métaphore sont valables pour la connaissance symbolique.

On voit ainsi comment la science des présages est rendue possible. Le Destin s'incarne dans des signes à travers lesquels, par le jeu des correspondances symboliques, nous pouvons lire la réponse à la question que nous nous posons, ou l'attitude que nous devons adopter. En substituant à la chose que nous prenons pour point de départ ses différents équivalents symboliques, nous finissons par rencontrer celui qui a un rapport avec notre situation et qui nous fournit la réponse attendue.

Rien n'est plus simple, rien n'offre plus de liberté à l'imagination que les symboles; et, en même temps, rien n'est plus complexe. C'est pourquoi nous donnerons, dans chacun des neuf chapitres qui vont suivre, les correspondances essentielles permettant de traduire chaque catégorie d'objets dans une autre. Cet ouvrage constituera ainsi, non un simple catalogue de présages, forcément incomplet, mais un guide, une méthode pour identifier, dans n'importe quelle situation, les présages bons ou mauvais permettant de s'orienter et de prendre une décision.

Le lecteur est invité à une participation active, qui est le seul moyen de s'initier efficacement à la science des présages.

CHAPITRE II
LES PHENOMENES EXTRAORDINAIRES

Les phénomènes extraordinaires sont le signe infaillible que le Destin s'adresse à nous. Nous ne parlons pas ici des phénomènes surnaturels (apparitions de fantômes, de revenants, miracles qui bouleversent l'ordre des choses), mais de ces événements qui, tout en faisant partie de l'ordre naturel, ont cependant, par leur caractère exceptionnel, remarquable ou insolite, une influence sur notre existence.

Certains de ces phénomènes relèvent de l'astronomie: comètes, éclipses, etc. Nous les citons pourtant dans le présent chapitre et non dans celui consacré aux astres. En effet, la science moderne a effacé une distinction essentielle sur laquelle insistait la tradition des siècles passés; il s'agit de la différence entre les astres et les météores.

On appelait météores tous les phénomènes qui, bien qu'ayant lieu dans le ciel, n'avaient pas, semblait-il, cette régularité qui caractérise le mouvement des astres proprement dits. Les astres rythment la vie de l'homme en lui communiquant le rythme de l'univers; les météores, en revanche, apparaissent de façon sporadique: ils sont des interventions particulières du Destin pour celui qui les aperçoit.

On objectera que les comètes, tout comme les éclipses, sont des phénomènes réguliers. Mais c'est ne pas tenir compte d'un aspect essentiel de la divination: qui veut étudier les présages doit toujours se placer au point de vue humain, individuel, car c'est aux individus que le Destin s'adresse. Des phénomènes donc qui, à l'échelle de l'univers, sont parfaitement réguliers et même banals, ne le sont pas pour nous, dans la mesure où ils apparaissent exceptionnellement dans notre existence, et revêtent par là une signification particulière. Le fait que l'on connaisse parfaitement l'orbite des comètes et que l'on puisse prévoir leur retour à dates fixes ne signifie rien: c'est le fait de les apercevoir qui compte.

Les comètes

"Si l'on feuillette les histoires anciennes et modernes, on remarque que les comètes ne sont jamais apparues sans apporter frayeur et calamités au monde." Cette déclaration d'un philosophe du XVIe siècle, Kaspar Peucer, résume bien le caractère constamment néfaste des comètes.

Elles précèdent toujours quelque événement dramatique. En voici quelques exemples, concernant la célèbre comète de Halley.

• En 11 avant Jésus-Christ, nous rapporte l'historien Dion Cassius, "avant la mort d'Agrippa[1], on vit durant plusieurs jours une comète; elle était comme suspendue sur la ville de Rome; elle parut ensuite se résoudre en petits flambeaux."

• En 218 après Jésus-Christ, toujours d'après Dion Cassius, "peu avant la mort de l'empereur Macrin, une étoile qui durant plusieurs nuits étendit sa queue de l'Occident à l'Orient nous effraya beaucoup".

[1] Homme politique romain.

• L'apparition d'une grande comète en avril 1066 fut considérée comme le présage de la défaite du dernier roi anglo-saxon, Harold II, contre Guillaume le Conquérant, à la bataille d'Hastings (14 octobre 1066), qui assura à ce dernier la domination sur toute l'Angleterre. C'est cette comète que l'on voit représentée sur la tapisserie de Bayeux (*figure 1*).

• En 1222, le roi de France Philippe-Auguste tomba malade et mourut après le passage d'une comète.

Figure 1. "Ceux-là regardent l'étoile". Détail de la tapisserie de Bayeux montrant la comète de Halley lors de son passage en 1066.

On détermine la signification précise d'une comète d'après la position qu'elle occupe dans le ciel lorsqu'elle apparaît, en relation avec les planètes et les signes du zodiaque.

Une comète qui paraît auprès de Saturne présage la peste ou une épidémie en général, la mort des souverains pontifes et les révolutions des gouvernements; auprès de Mars, les guerres; auprès du Soleil, de grandes calamités sur tout le globe; auprès de la Lune, des inondations ou, au contraire, une période de sécheresse; auprès de Vénus, la mort des princes et des nobles; auprès de Mercure, divers malheurs en fort grand nombre.

Quand une comète paraît dans les signes du feu (Bélier, Lion, Sagittaire), elle annonce la mort de grands hommes et de chefs de gouvernement, la recrudescence des crimes, la pauvreté en Occident et la sécheresse en Orient, des maladies des yeux pour ceux qui l'aperçoivent, une chaleur exceptionnelle en été.

Une comète qui paraît dans les signes de terre (Taureau, Capricorne, Vierge) annonce des pénuries de pain, la sécheresse dans les campagnes, des maladies de peau pour ceux qui l'aperçoivent, des épidémies chez les animaux domestiques, la ruine d'hommes bons et loyaux, des problèmes d'approvisionnement en minéraux (métaux, charbon, pétrole, etc.) et de mauvaises récoltes.

Une comète apparaissant dans les signes d'air (Gémeaux, Balance, Verseau) annonce des incendies de forêt, la mort d'oiseaux en grand nombre, une augmentation de la pollution atmosphérique à la suite d'accidents, des épidémies infantiles, des tremblements de terre, tempêtes et éboulements, la mort d'un chef d'Etat occidental, une pénurie de miel, de soie et de laine.

Une comète, enfin, que l'on aperçoit dans les signes d'eau (Cancer, Scorpion, Poissons), annonce de grandes pluies, des crues exceptionnelles, des effusions de sang et des guerres sur la mer ou sur les côtes, des querelles et des dissensions entre gens d'une même religion, ainsi que chez les savants et les hommes de loi, la mort de nombreux moines et hommes d'Eglise, une pauvreté et une inquiétude générales.

Lorsque deux comètes apparaissent à la fois dans les cieux, des cataclysmes sont proches.

Aujourd'hui encore, les comètes gardent leur fascination. Les deux derniers passages de la comète de Halley, en 1910 et en 1986, ont suscité un vive émotion. La comète de 1910 causa même une vague de panique, quand on s'aperçut que la Terre traversait la queue de la comète; mais une comète ne présente aucun danger en elle-même: elle est seulement annonciatrice d'événements malheureux.

La comète de 1986, fort attendue (ce qui prouve que les comètes restent, pour les individus, quelque chose de remarquable), ne fut guère visible, causant ainsi une grande déception. Cette discrétion relative a quelque chose de rassurant et d'inquiétant à la fois; le Destin s'est, pour ainsi dire, abstenu de se manifester, ce qui caractérise bien l'époque de perplexité et d'incertitude dans laquelle nous sommes en ce moment.

Les éclipses

Les éclipses ont une signification qui varie selon la planète dominante au moment de leur apparition; elles présagent l'abondance et la prospérité sous Vénus et Jupiter, mais des malheurs sous Saturne, Mars et Mercure.

Le temps d'une éclipse est favorable à la méditation et au recueillement; s'abstenir de toute curiosité à son égard favorise la réalisation de projets d'ordre intellectuel. Une éclipse est une pause, une suspension du cours ordinaire des événements, comme une intrusion de la nuit en plein jour; manifester sa curiosité en voulant voir l'éclipse est une sorte de défi, fort dangereux comme on le sait, puisqu'on risque d'y perdre la vue. Or la vue symbolise traditionnellement l'activité intellectuelle: à la perte des yeux du corps s'oppose donc l'ouverture de l'œil de l'esprit.

Les étoiles filantes

Si une femme voit une étoile filante lorsqu'elle est enceinte de cinq mois, elle aura un enfant très méchant, dit-on aux Indes.

On peut tirer des présages des étoiles filantes d'après leur direction, en faisant un vœu au moment où on les aperçoit: de la gauche vers la droite, le vœu se réalisera; de la droite vers la gauche, des obstacles doivent surgir.

Dans l'ancienne Grèce, à Sparte, selon le témoignage de Plutarque, “tous les neuf ans, les éphores[1] choisissaient une nuit très claire, mais sans lune, et s'asseyaient en silence les yeux tournés vers le ciel. Voyaient-ils une étoile traverser le ciel d'un côté à l'autre, ils faisaient le procès de leur roi présumé coupable de quelque attentat envers la divinité; ils le suspendaient de ses fonctions royales jusqu'à ce qu'un oracle de Delphes ou d'Olympie lui restitue son autorité première.”

[1] Principaux magistrats de Sparte.

Phénomènes optiques se rapportant aux astres

Voir des étoiles en plein jour pronostique des incendies ou des guerres.

Voir des cercles autour de la Lune présage des complots, des trahisons et des discordes.

Voir un halo rouge autour de la Lune annonce une grande effusion de sang.

Voir plusieurs Soleils (c'est le phénomène des parhélies) signifie qu'une conspiration ou une alliance entre ennemis est vouée à l'échec: de même que ce phénomène optique dure un moment puis disparaît, l'association qu'il désigne se dissoudra ou sera détruite. Ainsi, selon la belle formule de Kaspar Peucer, "la naïve clarté demeure et les apparences périssent".

On a signalé des parhélies après la guerre entre César et Pompée, en 43 avant Jésus-Christ, au moment où Octave, Antoine et Lépide s'associaient pour former leur triumvirat; ce que Kaspar Peucer commente ainsi: "ces soleils signifiaient que ce triumvirat comploterait, mais qu'il ne durerait guère, et que les deux (Antoine et Lépide) s'évanouiraient en l'air comme apparences vaines, laissant le pouvoir à un seul." En effet, Octave, le futur Auguste, devait éliminer ses deux associés. En 1314, avant la guerre civile de Louis de Bavière et de Frédéric d'Autriche, qui combattaient pour l'Empire, on vit des cercles autour de la Lune.

Le 21 mars 1551, des parhélies "qui luisaient presque autant ou plus que le Soleil" furent aperçues, avant la confédération des princes d'Allemagne avec le roi de France.

Plus près de nous, en 1939, au moment du pacte de non-agression conclu entre l'Allemagne et l'U.R.S.S., un Polonais, Stefan Themerson, écrivit une lettre à Staline pour l'avertir que ce pacte ne serait pas respecté, car il avait vu "le Soleil arrêté en un centre environné de deux cercles luisants, et de part et d'autre deux parhélies": deux ans plus tard, Hitler envahissait l'Union soviétique.

Les arcs-en-ciel

Montrer l'arc-en-ciel de la main porte malheur.

Un arc-en-ciel qui plonge ses deux bras dans la mer est un présage funeste. L'arc-en-ciel symbolise le passage du monde objectif à une réalité supérieure; dans la mythologie nordique, il est le pont qui relie la terre au Paradis. Il a donc en général une signification positive et annonce d'heureux événements. Mais s'il plonge ses deux bras dans la mer, cela indique qu'une entreprise prometteuse est destinée à échouer ou que quelqu'un va mourir.

La foudre

Voir tomber la foudre du côté droit est un présage favorable.

La foudre, en Grèce, était l'attribut de Zeus (Jupiter), roi des dieux. La divination par la foudre, ou art fulgural, était très prisée des Etrusques. Les devins étudiaient la région du ciel où jaillit l'éclair, sa couleur, ainsi que l'heure à laquelle il se produit.

Si l'observateur médite un projet, la foudre est conseillère d'action ou d'abstention; s'il l'a exécuté, elle marque une approbation ou un blâme; s'il est passif, elle l'invite à agir; elle peut encore être un avertissement.

Si la foudre s'abat sur le siège du gouvernement ou de l'assemblée, c'est un présage de révolution; si elle s'abat sur une porte de la cité, c'est que celle-ci est en péril. Depuis l'invention du paratonnerre, la foudre ne tombe plus sur les bâtiments publics (non plus d'ailleurs que sur les maisons des particuliers), ce qui ne met pas les gouvernements à l'abri des révolutions.

Remarquons enfin que la formule *Abracadabra*, qui a la vertu, dit-on, de prévenir les maladies et de guérir la fièvre, signifie en hébreu: "Envoie ta foudre jusqu'au ciel" (*abreg ad hâbra*).

Quant au tonnerre, fidèle compagnon de l'éclair, il constitue un présage dans certains cas. Ainsi, lorsqu'en sortant de la maison le grondement du tonnerre se fait entendre pour la première fois de la journée, c'est le signe qu'une visite agréable doit avoir lieu bientôt.

CHAPITRE III
LES ELEMENTS

La physique ancienne distinguait quatre éléments: l'air, le feu, la terre et l'eau, de la combinaison et du mélange desquels toutes les choses existantes étaient supposées résulter.

Bien sûr, cette conception n'a plus aujourd'hui aucune valeur scientifique; la science a renoncé depuis longtemps aux quatre éléments de la tradition, et la chimie moderne n'en compte pas moins de cent, dont le nombre va sans cesse augmentant. Sans même parler de la physique des particules, qui bouleverse toutes les certitudes de fond en comble, en poussant toujours plus loin l'exploration de l'infiniment petit.

Si les quatre éléments ne constituent plus une explication scientifique du monde, ils restent un principe fondamental de la théorie des symboles. La symbolique élémentaire ne concurrence pas la science contemporaine, car elle se place à un autre point de vue: celui d'une vision unitaire et cohérente du monde, que la science n'est plus capable de fournir. Celle-ci dissout, en quelque sorte, la perception que nous avons des choses en se situant à une échelle que nos sens sont incapables d'atteindre; la symbolique, au contraire, correspond parfaitement à la perception quotidienne, ordinaire, de la réalité.

Les quatre éléments sont la clef des correspondances symboliques; ils indiquent les sympathies et les antipathies des choses. Ces mots ont aujourd'hui un sens psychologique, mais ils désignent à l'origine les rapports qui régissent l'univers. Le passage d'un ordre de réalité à l'autre, du macrocosme au microcosme, se fait selon les lois de la concordance et de la discordance des choses. Au Ve siècle avant Jésus-Christ, le philosophe Empédocle exprimait ainsi cette conception:

> *"Cédant à l'action de la Haine toute forme se divise et se disloque tandis que les éléments, disjoints, tendent sous l'action de l'Amour à se confondre, pris d'un mutuel désir. De là provient tout le passé, tout le présent, tout l'avenir. Car les éléments restent ce qu'ils sont; bondissant les uns au travers des autres, ils revêtent de nouvelles apparences, tant leur mélange provoque en eux de changement."*

Voici donc les principales correspondances fournies par la symbolique élémentaire.

1. Tout provient du mélange de quatre complexions, qui sont le chaud, le froid, le sec et l'humide.

2. Les quatre éléments sont la combinaison de ces quatre complexions: le *feu* est chaud et sec, l'*eau* est froide et humide, la *terre* est froide et sèche, l'*air* chaud et humide.

3. Aux quatre éléments correspondent les quatre tempéraments humains: le colérique (chaud et sec), le flegmatique (froid et humide), le sanguin (chaud et humide), le mélancolique (froid et sec).

4. De même, les quatre saisons de l'année: le printemps (chaud et humide), l'été (chaud et sec), l'automne (froid et sec), l'hiver (froid et humide).

5. Les quatre âges de l'être humain: enfance (chaud et humide), adolescence (chaud et sec), maturité (froid et sec), vieillesse (froid et humide).

6. Les animaux: animaux de l'air (oiseaux), de l'eau (poisson), de la terre (mammifères), du feu (reptiles).
7. Enfin, les signes du zodiaque, répartis par groupes de trois: signes du feu (Bélier, Lion, Sagittaire), de terre (Taureau, Capricorne, Vierge), d'air (Gémeaux, Balance, Verseau), d'eau (Cancer, Scorpion, Poissons).

Ce système des correspondances permet de comprendre de nombreux présages paraissant arbitraires ou obscurs, qui s'éclairent une fois mis en relation avec leurs affinités symboliques. On voit donc que la science des présages répond à une vision tout à fait cohérente du monde, fort éloignée de la simple superstition. Cette vision est traditionnellement résumée par ce passage célèbre de la *Table d'émeraude* d'Hermès Trismégiste: "Tout ce qui est en bas est comme ce qui est en haut, et ce qui est en haut est comme ce qui est en bas, pour accomplir les miracles de l'unité."

L'air

Les présages tirés de cet élément concernent surtout le souffle et la respiration, sous toutes ses formes (haleine, éternuement, sifflement, etc.). En effet, le souffle est traditionnellement identifié avec l'esprit, et à ce titre il constitue une source de présages. On lit dans la Bible, au commencement de la *Genèse*: "La terre était vide et déserte, les ténèbres étaient au-dessus de l'océan et l'esprit de Dieu planait sur les eaux"; le mot que l'on traduit par "esprit de Dieu" est en hébreu *Ruah*, c'est-à-dire "le Souffle". De même, en latin, *spiritus* désigne à la fois le souffle et l'esprit: d'ailleurs il a donné en français aussi bien "respirer" que l'"inspiration" et le mot même d'"esprit".

Dans la Rome antique, on considérait qu'une haleine forte et violente est la marque d'un esprit grand, et qu'une haleine fétide est signe d'esprit religieux.

Lorsqu'un homme cause avec une femme, s'il sent le souffle de cette personne l'effleurer par hasard, c'est le signe qu'elle exercera sur lui beaucoup d'influence.

Si l'on sort pour faire une visite importante et que, sitôt le domicile quitté, une personne qui tousse se fait entendre, la visite tournera court.

Entendre le râle d'un moribond est signe d'un prochain voyage à l'étranger.

L'éternuement est un présage très important, qui a toujours été tenu en grande estime. Aristote, dans ses *Problèmes*, en explique la raison: "L'éternuement vient de la tête; c'est parce que nous vénérons cette région comme la plus sacrée, que nous vénérons comme sacré le vent qui en sort. Par suite, on salue l'éternuement comme un signe sacré, et l'on souhaite du bonheur à ceux qui éternuent." C'est pourquoi, de nos jours encore, nous disons "à vos souhaits" à quelqu'un qui vient d'éternuer.

Mais l'éternuement n'a pas toujours la même signification. Eternuer est de mauvais augure le matin et de bon augure le soir; quitter sa chambre et éternuer aussitôt signifie qu'un malheur est proche. Lorsqu'un enfant éternue sans raison, la personne qui est en train de parler à ce moment dit à coup sûr la vérité.

Selon la tradition des matelots, siffler sur un navire qui se trouve au large, en pleine mer, porte malheur.

Le côté par où passe le souffle est un élément essentiel. Quand nous avons le nez plus ou moins bouché, selon que c'est la narine droite ou la gauche qui laisse passer l'air, de nombreux présages s'ensuivent.

Respirer par la narine droite indique une bonne santé; par la narine gauche, cela indique une maladie grave en perspective. Le souffle passant par la narine droite est salutaire quand on entre dans une maison.

La narine droite est en général favorable, la gauche funeste. A tel point que, dans certaines régions de l'Inde, on n'hésite pas à pronostiquer la durée de la vie par ce moyen: si l'on respire pendant deux jours et deux nuits de suite par la narine gauche, on mourra, dit-on là-bas, dans deux ans; si l'on respire par la narine gauche pendant la nuit et par la droite pendant le jour, et sans aucune interruption, on mourra dans six mois.

Les guerriers de l'Antiquité pensaient que le meilleur moment pour engager un combat est celui où le souffle passe par la narine gauche, et que la victoire est certaine si, au cours de la lutte, le souffle passe de la narine gauche à la narine droite.

Le souffle de gauche cesse d'être défavorable dans certains cas: quand on sort de chez soi et que l'on part du pied gauche; en période de lune ascendante; les nuits de lundi, mercredi, jeudi et vendredi; sous le signe du Taureau, du Cancer, de la Vierge, du Capricorne, des Poissons; quand on regarde vers l'ouest ou le sud; quand on part pour un grand voyage.

Si le souffle des narines d'un malade est froid et le souffle de la bouche brûlant, la mort est imminente, dit-on en Inde.

Il est salutaire de se toucher le visage le matin au réveil avec la main du côté de la narine où passe le souffle.

L'eau

Boire dans le verre d'une personne aimée aide à connaître ses pensées.

Refuser de boire l'eau fraîche que quelqu'un nous propose annonce une peine; boire de l'eau chaude est un funeste présage.

Marcher dans l'eau boueuse est le signe d'un deuil prochain.

Voir l'océan en rêve indique que l'on va bientôt faire un long voyage.

Marcher sous la pluie, en général, porte chance, et surtout quand la pluie nous surprend au sortir du logis.

Quelqu'un qui enjambe le ruisseau de la rue en sautant sera très certainement victime d'une persécution.

La symbolique de l'eau est associée à celle du bain; c'est dans la tradition indienne surtout que cette idée a été développée. Ainsi il est d'usage, en Inde, de se verser de l'huile sur la tête avant de prendre un bain, et d'en répandre trois gouttes sur le sol, afin de se réserver une longue vie. Une fois dans le bain, on arrose en premier lieu la tête, pour éviter toute possession démoniaque. Si cette eau est chaude et qu'on est entré dans le bain du pied droit, c'est encore mieux. Enfin si au sortir du bain les mains, les pieds et la poitrine se sèchent d'eux-mêmes immédiatement, c'est signe de mort prochaine.

Cette association de l'eau et de la purification est à l'origine de certaines habitudes autrefois courantes, comme de cracher sur son soulier droit avant de le chausser, pour se prémunir contre les maladies. La salive est en effet un équivalent symbolique de l'eau.

Dans la divination romaine, l'hydromancie ou divination par l'eau était parallèle à l'œnomancie ou divination par le vin. On considérait leur couleur, leur saveur, leurs mouvements, le bruit et tous les changements soudains qui s'y produisaient. Le pire présage tiré de l'eau ou du vin est l'eau noire ou le vin noir: signes de mort et de catastrophes.

Renverser du vin rouge sur une nappe blanche et propre est signe d'une noce prochaine dans la maison; si du vin tombe sur un vêtement neuf, la fortune sera heureuse. En revanche, le vin qui tombe sur les chaussures est un mauvais présage.

Le lait enfin, dernier avatar symbolique de l'eau, est un présage d'amitié quand il est donné par une personne que l'on ne connaît pas beaucoup; si on le refuse, il faut s'attendre à des malheurs.

Le feu

Lorsque la flamme d'une bougie a deux dents, c'est un signe néfaste. Si elle n'en a qu'une, c'est bon signe, et si elle en a trois c'est un excellent présage.

Une flamme droite, pure, claire et nette, blanche, sans fumée et sans craquements, sans flammèches et se terminant en pointe, est un bon signe. Un feu qui s'allume mal, qui s'éparpille, qui ne monte pas tout droit mais virevolte et dégage une épaisse fumée, qui craquète, qui fait voler des étincelles de toutes parts, est un sinistre présage.

Si un charbon rouge saute hors du feu vers une personne, c'est un présage de danger mortel pour ladite personne.

Lorsqu'il y a dans une société une jeune fille à marier, il ne faut pas lever les tisons du feu, de crainte de chasser les amoureux éventuels. Si on lève les tisons en présence de deux fiancés, leurs sens seront excités et ils chercheront à les assouvir au plus vite.

Lorsque la mèche d'une bougie charbonne, c'est-à-dire dégage de la fumée, sans qu'on l'ait éteinte, c'est signe que l'on va recevoir une nouvelle.

Quand une chandelle allumée jette soudain quelques étincelles, cela annonce une visite imprévue.

En Inde, on pense que si un malade est debout devant un grand feu et que son ombre projetée sur le sol est droite et directement opposée au feu, c'est signe de guérison; si l'ombre est de côté, c'est signe de mort.

Les Anciens avaient beaucoup développé la pyromancie, ou divination par le feu. Ils entretenaient un feu sacré, qui ne devait jamais s'éteindre, dans le temple de Vesta, et la garde en était confiée aux vierges vestales (de cet usage vient l'expression "avoir le feu sacré"). Si le feu s'éteignait par accident, c'était une calamité nationale et toutes les affaires publiques et privées étaient interrompues jusqu'à ce que, le feu ayant été rallumé selon les injonctions rituelles, les dieux fussent apaisés. La vestale qui avait laissé le feu s'éteindre était menée par le grand pontife dans un endroit secret, où il la fouettait après l'avoir recouverte d'un drap.

On tire des présages particuliers de la résine ou de l'encens brûlés. Si la flamme que produit la résine est entière et non éparse, c'est bon signe; le contraire est malencontreux: si elle se débat, s'éparpille ou se retourne, se penchant vers le bas, c'est signe d'aggravation pour les malades, et si elle s'éteint tout d'un coup, c'est signe de mort prochaine.

Pour ce qui est de l'encens, qui ne produit pas de flamme mais seulement de la fumée, celle-ci doit être régulière et bien droite; si elle se met à dégager une odeur nauséabonde et anormale, cela indique un malheur.

La fumée d'une cheminée qui retombe au lieu de s'élever annonce des déceptions.

Si le bois qui est dans la cheminée tombe et se dérange, on va recevoir une visite.

Il ne faut pas cracher dans le feu; c'est un très mauvais présage pour celui qui le fait.

Fuir les feux-follets dans un cimetière est une chose à ne jamais faire, car c'est un présage de mort.

La terre

Les présages liés à la terre proprement dite, c'est-à-dire aux minéraux (pierres, métaux), ne figurent pas ici, car la tradition les a rattachés à ceux qui se rapportent aux plantes. En effet, plantes et minéraux ont un symbolisme parallèle; nous en traiterons donc dans un chapitre à part.

Quant à la géomancie, bien qu'elle tire son nom du mot grec *gê* signifiant "terre", elle n'a rien à voir avec cet élément. C'est une méthode divinatoire consistant à dessiner des figures selon un code préétabli; son nom vient de ce que l'on traçait ordinairement ces figures à même le sol, sur le sable ou la terre.

Les aliments

Les aliments symbolisent la transmutation, le passage de la matière d'un élément dans un autre. Par la cuisson ils se rapportent non seulement au feu, mais aussi à la terre. Le

Grand Œuvre des alchimistes visait à obtenir la Pierre philosophale par le moyen de la cuisson de la matière dans l'Œuf philosophique, lui-même placé dans un fourneau, l'athanor. Or la terre est une image de ce fourneau, car elle engendre les minéraux; une célèbre formule alchimique, "vitriol", qui a donné son nom à une substance bien connue, signifie en latin: *Visita Interiora Terrae, Rectificando Invenies Occultum Lapidem*, c'est-à-dire: "visite l'intérieur de la terre, par rectification tu trouveras la Pierre cachée". La cuisson et la fermentation des aliments sont une autre image de cette rectification ou transmutation.

Le pain en est le symbole par excellence. Dans la religion chrétienne, le rite de la communion manifeste ouvertement ce que les théologiens nomment la transsubstantiation, c'est-à-dire la transformation du pain consacré (l'hostie) en corps du Christ, parallèlement au vin qui devient, lui, le sang du Messie: c'est l'eucharistie ou action de grâces.

Il ne faut pas poser le pain à l'envers sur la table, car cela équivaut à un reniement du Christ; on sait que l'inversion des symboles chrétiens est caractéristique du culte satanique. C'est donc un très mauvais présage.

Pour la même raison, il est bon de faire le signe de la croix sur le pain avant de l'entamer, ce qui favorise la chance dans la maison.

L'œuf est un autre symbole très important. Indépendamment de sa signification alchimique (l'Œuf philosophique), l'œuf représente l'univers, l'infini, par sa rotondité; c'est un équivalent de l'*ouroboros*, le serpent qui se mord la queue.

Casser un œuf frais est un signe de bonheur; si l'œuf est gâté, c'est signe de deuil.

Ceux qui, vivant à la campagne, possèdent des poules doivent éviter d'acheter des œufs et ne consommer que les leurs sous peine de s'exposer à une mauvaise fortune.

Il ne faut pas porter chez soi un œuf de canard: mauvais présage.

Après avoir mangé un œuf à la coque ou gobé un œuf cru, il faut en briser la coquille, pour éviter le mauvais œil. Les Anciens pratiquaient cela couramment, comme l'atteste Pline l'Ancien: "Il n'est personne qui ne redoute d'être envoûté par des prières maléfiques. C'est à cette crainte que répond l'usage, après avoir mangé des œufs ou des escargots, d'en briser aussitôt la coquille ou de les percer avec la cuiller."

Faire du boudin présage des peines; manger du boudin annonce une visite inattendue.

Aimer le chocolat prédit longue vie.

Mettre du sucre dans une tasse de café avant d'être servi indique que l'on restera célibataire.

Mettre du sel dans l'assiette d'un convive est mauvais signe, aussi bien pour le convive que pour soi-même.

Renverser la salière à table est un funeste présage; de même, voir du sel renversé par quelqu'un.

Dans la tradition islamique, commencer et terminer un repas par le sel (c'est-à-dire des plats salés) préserve des maladies.

On peut lire les signes du Destin dans le marc déposé sur la cafetière après la préparation du café; la cafétomancie est une des méthodes divinatoires les plus célèbres. Voici comment elle se pratique: il faut faire sécher le marc de café, puis le faire bouillir dans une faible quantité d'eau en le remuant jusqu'à ce qu'il soit bien délayé. Ensuite on le verse dans une assiette non émaillée (en terre cuite par exemple) en ayant soin de ne pas la remplir. Après avoir agité légèrement, on vide l'eau tout doucement, afin qu'il ne reste dans l'assiette que le marc. On interprète alors les figures qui se sont formées: croix, carrés, cercles, lignes, dessins d'objets, de plante ou d'animaux divers, chiffres, lettres, etc. Une croix, par exemple, au milieu de l'assiette promet une mort douce et éloignée; trois croix présagent des honneurs; quatre croix annoncent une maladie; un grand nombre de croix une vieillesse dévote.

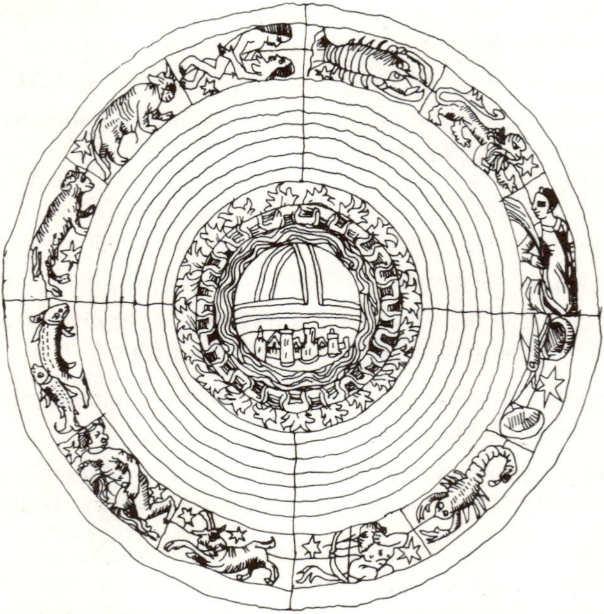

Figure 2. Représentation symbolique du monde, d'après Le Grant Kalendrier et compost des bergiers avecq leur astrologie. *Au centre, la Terre, entourée de l'eau, de l'air, du feu, des cercles des sept planètes et des douze signes du zodiaque.*

CHAPITRE IV
LES ASTRES

L'astrologie traditionnelle entend par astres les sept planètes et les douze signes du zodiaque.

Les douze signes, déjà énumérés précédemment, sont des figures que forment les étoiles dans le ciel; au moment de la naissance, la position des planètes dans chacun des douze signes fournit le thème généthliaque, appelé aussi nativité ou horoscope, qui détermine les caractères fondamentaux de la destinée des individus.

Les sept planètes sont le Soleil, Vénus, Mars, Jupiter, Mercure, la Lune et Saturne. Ce ne sont pas les planètes au sens où l'astronomie moderne entend ce mot: elle ne retient en effet que Mercure, Vénus, Mars, Jupiter et Saturne, excluant le Soleil (qui est une étoile) et la Lune Satellite de la Terre), et compte la Terre parmi les planètes, alors que celle-ci ne fait pas partie des sept planètes de la tradition. De plus, elle compte trois planètes supplémentaires, Uranus, Neptune et Pluton. Il y a là une contradiction qu'il faut expliquer.

Les sept planètes de la tradition sont des astres visibles à l'œil nu; Uranus, Neptune et Pluton ne le sont pas. L'astrologie, à la différence de l'astronomie, se place au point de vue de l'observateur, c'est-à-dire du monde tel que nous le percevons effectivement; c'est pourquoi elle n'inclut pas la Terre parmi les planètes: c'est de la Terre que nous voyons le ciel, nous ne voyons pas la Terre dans le ciel. De même, elle appelle le Soleil et la Lune des planètes parce que nous les voyons parcourir le ciel: les planètes de la tradition sont définies comme des "astres errants" (*stellae vagantes*), par opposition aux étoiles dites "fixes" qui forment, pour ainsi dire, le fond du ciel, figurant les constellations et les signes du zodiaque. C'est donc parce qu'ils passent devant ces signes, tout comme les planètes, que le Soleil et la Lune leur ont été assimilés.

Comme on le voit, une fois de plus, l'apparent divorce de la science et de la philosophie occulte vient de ce qu'elles se placent à deux points de vue différents. L'astrologie considère les astres par rapport à nous tels que nous les voyons de là où nous sommes; l'astronomie les considère en eux-mêmes, abstraction faite de la position de l'observateur. Il n'y a entre elles nulle concurrence, nulle incompatibilité, puisque l'aspect que présentent les astres reste le même, quels que soient les progrès de la science. Comme le disait Kant, j'ai beau savoir que le Soleil n'est pas aussi petit que je le vois, je n'en continue pas moins de le percevoir comme tel.

Les astres exercent une double influence. Par leur configuration au moment de la naissance, ils président aux destinées individuelles; par leur cours régulier et leur retour périodique, ils rythment l'existence humaine, indiquant les jours et les dates fastes ou néfastes.

Les signes du zodiaque

Les douze signes du zodiaque correspondent aux douze mois de l'année, chaque signe étant à cheval sur deux mois légaux.

Ils indiquent les principaux traits de caractère et les tendances des personnes selon leur mois de naissance; mais il faut remarquer que les indications des signes peuvent être contrebalancées par d'autres influences, notamment celles des planètes.

Les personnes nées sous le signe du *Bélier* (mi-mars/mi-avril) sont industrieuses, irascibles, aussi promptes à s'apaiser qu'à se mettre en colère, vindicatives, parfois retorses, volontiers dogmatiques et imposant leur point de vue. Peu enclines à chasteté, elles sont instables et excessives en tout, se passionnant pour le plus grave comme pour le plus futile, mais leur enthousiasme retombe souvent sans crier gare.

Celles qui sont nées sous le signe du *Taureau* (mi-avril /mi-mai) sont hardies, volontaires, empressées de réaliser leurs projets, quelquefois méprisantes et toujours fières. Aimées ou détestées, elles ne laissent personne indifférent et ne se satisfont guère des seconds rôles: il leur faut tout, et tout de suite.

Sous le signe des *Gémeaux* (mi-mai/mi-juin) en revanche, on trouve de la prudence, une modération allant quelquefois jusqu'à l'indécision, une tendance à la négligence compensée par une humeur volontiers insouciante. Aimant les déguisements, l'incognito, mais détestant la solitude, la personne née sous cette influence est souvent partagée entre plusieurs aspirations contradictoires, ne sachant laquelle choisir; elle apparaît à son entourage comme une énigme qui ne se laisse pas déchiffrer.

Le signe du *Cancer* (mi-juin/mi-juillet) fait les gens malicieux, bons vivants, amateurs des plaisirs, sans morgue ni prétention. Attirant souvent la confiance des autres, ils sont amenés en conséquence à s'occuper des affaires d'autrui, ce qui ne leur vaut pas que des avantages. La témérité n'est pas leur fort, mais plutôt une patience à toute épreuve: ce qui ne les engage pas à se mettre en avant.

Les natifs du *Lion* (mi-juillet/mi-août), eux, sont téméraires, s'identifiant facilement aux malheureux et haïssant les mesquins, les traîtres, les menteurs. Leur arrogance leur amène beaucoup d'ennemis, mais leur amitié est sans défaillance; enclins à viser haut, ils ne sont pas à l'abri de violents revers de fortune.

Les personnes ayant vu le jour au temps de la *Vierge* (mi-août/mi-septembre) sont tendres, méticuleuses, souvent casanières, mais ont tendance à se laisser porter par le courant plus qu'à le dominer; toutefois elles connaissent des reprises fulgurantes qui étonnent leur entourage: sous une nonchalance apparente s'accumulent de grandes énergies, et cela peut les porter aussi bien à l'apathie qu'à l'excès d'activité, allant parfois jusqu'à la frénésie.

La *Balance* (mi-septembre/mi-octobre) favorise les esprits aventureux par une aptitude à se dominer, à tempérer les passions et les opinions, qui leur fait souvent viser juste et trouver les moyens adéquats pour réaliser leurs entreprises. Volontiers conciliatrices, les personnes nées sous ce signe peuvent s'attirer des désagréments en voulant tout équilibrer et ordonner, ce qui n'est pas toujours du goût de tout le monde.

Le *Scorpion* (mi-octobre/mi-novembre), au contraire, est le signe des passionnés et des excessifs. Débordants d'énergie, ils peuvent triompher de tous les obstacles comme ils peuvent courir à la catastrophe; trop méfiants ou trop confiants, ils ne prennent guère le temps de la réflexion. Ils sont capables de tout risquer sur un coup de tête, pour le meilleur et pour le pire.

Ceux que le *Sagittaire* (mi-novembre/mi-décembre) a vus naître sont généreux, ouverts et bienveillants, patients et tenaces; mais ils sont abusés par les apparences de l'honnêteté et on les trompe facilement. Du coup ils peuvent se raidir et se renfermer en eux-mêmes, pour ne pas se livrer à ceux qui pourraient profiter d'eux. En amitié et en amour, ils se livrent sans retenue s'ils se sentent en confiance.

Les gens natifs du *Capricorne* (mi-décembre/mi-janvier) sont inconstants, ne se dominent guère et se font une idée du vrai et du faux selon leur intérêt personnel; mais ils surmontent les obstacles et savent très bien ce qu'ils veulent, même si les autres ont l'impression que non. Portés vers l'étrange et le bizarre, ils sont volontiers victimes de leur imagination: quand ils se fourvoient, ils ne s'en rendent pas toujours compte, tant leur idée fixe les obsède. Ils sont aussi enclins à la tristesse s'ils ont l'impression de ne pas aller de l'avant.

Sous le signe du *Verseau* (mi-janvier/mi-février) se cachent bien des contradictions: aimable quelquefois, parfois désagréable, poli aussi bien que rustre, réservé ou inconvenant, le natif de ce signe se montre sous des jours divers, si bien que l'on se fait de lui une idée souvent fausse. Mais il est d'une grande droiture et très fidèle, même si la communication avec les autres lui pose des problèmes.

Les personnes nées sous le signe des *Poissons* (mi-février/mi-mars), enfin, sont habiles, diplomates, s'adaptent à toutes les situations, quelquefois jusqu'à la duplicité. Aussi est-on, dans certains cas, méfiant à leur égard, alors qu'elles n'ont rien à se reprocher. Elles savent se faire valoir et se montrer sous leur meilleur jour, ce qui les rend extrêmement aptes à la vie en société et à ses multiples contraintes.

Aux douze signes correspondent les douze régions du corps selon la médecine traditionnelle. C'est l'homme zodiacal (*fi-*

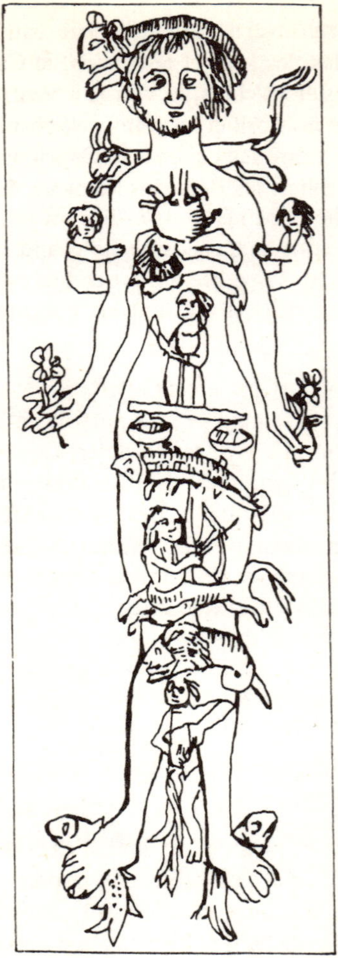

Figure 3. L'homme zodiacal, d'après Le Grant Kalendrier et compost des bergiers avecq leur astrologie.

gure 3): le Bélier gouverne la tête, le Taureau le cou, les Gémeaux les épaules, les bras et les mains, le Cancer la poitrine, le Lion le dos et les côtes, la Vierge le ventre et les entrailles, la Balance le nombril et les reins, le Scorpion les organes génitaux, le Sagittaire les cuisses, le Capricorne les genoux, le Verseau les jambes, les Poissons les pieds. L'homme constitue ainsi un microcosme (c'est-à-dire un univers en réduction) où se reflète le macrocosme (le grand univers), montrant une fois de plus que "ce qui est en bas est comme ce qui est en haut, et ce qui est en haut est comme ce qui est en bas".

Ce rappel des propriétés essentielles des douze signes permettra au lecteur d'éclairer le sens parfois ambigu des présages en les confrontant avec ses caractéristiques personnelles, dépassant ainsi les formulations abstraites pour les concrétiser en expérience individuelle. Les signes extérieurs du Destin s'harmonisant ainsi avec les tendances intérieures, un itinéraire se dessine, qui est le véritable apport de la science des présages à l'existence de chacun.

Les planètes

Voici, brièvement exposées, les caractéristiques des sept planètes de la tradition.

Saturne est néfaste, préside aux maladies et à la mort. *Jupiter*, au contraire, est favorable aux projets et à la santé. *Mars* symbolise la guerre et le conflit, mais aussi l'énergie qui triomphe des obstacles. Le *Soleil* est extrêmement positif, il est la source de la vie. La *Lune* représente la vérité, elle éclaire la nuit: selon le cas elle est donc bienveillante ou dangereuse. *Vénus* symbolise l'amour, mais aussi la dépendance et l'illusion. Enfin, *Mercure* est l'astre de la diversité, de la dispersion: il met sur la voie (Mercure est le dieu des carrefours) mais peut également égarer (il est le patron des voleurs).

Aux sept planètes correspondent sept couleurs: le jaune au Soleil, le blanc à la Lune, le rouge à Mars, le bleu à Jupiter, le vert à Vénus, le noir à Saturne, le gris à Mercure.

Des correspondances existent aussi entre les planètes et les sept tons de la gamme, les sept vertus, les sept péchés...

Mais la signification principale des planètes, du moins en ce qui concerne les présages, est de gouverner les sept jours de la semaine.

Dimanche est le jour du Seigneur; mais en anglais on l'appelle *sunday*, en allemand *Sonntag*: le jour du Soleil.

Lundi est le jour de la Lune (*Lunae dies*), en anglais *monday* (*moon day*), en allemand *Montag*.

Mardi est le jour de Mars (*Martis dies*), en italien *martedì*.

Mercredi est le jour de Mercure (*Mercurii dies*).

Jeudi est le jour de Jupiter (*Jovis dies*), en italien *giovedì*.

Vendredi est le jour de Vénus (*Veneris dies*), en italien *venerdì*.

Samedi est le jour du Sabbat, mais il est en anglais *saturday*, le jour de Saturne.

Dans les noms des jours se perpétue ainsi le souvenir d'anciens cultes voués aux astres, tout comme dans les fêtes du calendrier qui, avant d'être des fêtes chrétiennes, correspondaient à des moments significatifs du cycle solaire. De là proviennent les présages concernant les jours et les dates.

Les jours de la semaine

Souhaiter la bonne année un dimanche apporte la fortune.

L'enfant né le dimanche surmontera les difficultés, sera heureux, riche et aura une longue vie.

Le dimanche et le jeudi sont les meilleurs jours pour entreprendre quelque chose.

Le lundi est un bon jour pour voyager.

La tradition veut que trois lundis dans l'année soient des jours néfastes: le premier lundi d'avril, jour de la naissance de Caïn et de la mort de son frère Abel; le premier lundi d'août, jour où Sodome et Gomorrhe furent détruites; le troisième lundi de décembre, jour de la naissance de Judas, le douzième apôtre, celui qui trahit Jésus-Christ pour trente deniers.

En Russie, le lundi passe pour un jour malheureux.

L'enfant né le lundi sera sans énergie et sans caractère, bien que toujours prêt à faire de son mieux.

L'enfant né le mardi aura des accès de colère, des passions violentes et sera peu conciliant.

Les mercredis de mai et d'août sont de mauvais jours pour se marier.

Il ne faut pas se couper les ongles pendant les jours "errés" (qui ont un "r"): mardi, mercredi, vendredi.

L'enfant né le mercredi sera studieux et doué pour la littérature.

Le mercredi est le meilleur jour pour faire la charité. Chez les musulmans, c'est le vendredi.

Il faut éviter de rester oisif pendant les jeudis du mois de mai, cela présage des chagrins.

L'enfant né le jeudi sera beau et charmera son entourage.

Il ne faut pas coudre le vendredi.

Le vendredi est un mauvais jour pour les voyages.

Le vendredi est en général un jour peu favorable, et particulièrement le vendredi 13: au caractère propre du jour s'ajoute le symbolisme négatif du nombre 13 (se reporter au chapitre sur les nombres).

Rire le vendredi indique des pleurs le dimanche.

L'enfant né le vendredi sera robuste et doué pour l'activité physique, mais se livrera sans mesure à ses désirs.

Le samedi est un mauvais jour pour débuter une activité.

L'enfant né le samedi sera malheureux et aura de mauvaises dispositions.

Signalons enfin que l'on tire des présages des règles de la femme, en fonction du jour où elles débutent: le dimanche, honneur; le lundi, déclaration d'amour; le mardi, cadeau; le mercredi, pleurs; le jeudi, nouvelle; le vendredi, maladie; le samedi, visite.

Les dates de l'année

Les présages liés aux dates ont été récupérés par la religion chrétienne, dans la mesure où elle a substitué aux fêtes solaires païennes les fêtes des saints; sous le vernis chrétien ont longtemps subsisté, surtout dans les campagnes, des traditions ancestrales qui ne s'expliquent que par cette origine païenne. Mais à ces traditions s'en sont ajoutées d'autres liées au folklore chrétien, si bien qu'il est parfois difficile de les démêler.

Voici les principaux jours néfastes: le 25 janvier, le 4 et le 26 février, le 1er et le 28 mars, le 10 et le 17 juin, le 13 et le 27 juillet, le 1er et le 24 août, le 3 et le 21 septembre, le 3 et le 22 octobre, le 5 et le 22 novembre, le 7 et le 22 décembre.

Il y a six jours fatals dans l'année, c'est-à-dire des jours où les mauvais présages sont aggravés et où les projets, les entreprises ne doivent ni débuter ni aboutir: ce sont le 31 janvier, le 23 avril, le 1er juillet, le 4 août, le 10 octobre et le 25 décembre. Ce dernier particulièrement, car c'est le jour de la naissance du Christ (donc un jour sacré: travailler ce jour-là est une impiété).

Les enfants nés le vendredi saint (c'est-à-dire le vendredi qui précède Pâques) seront vigoureux et de bonne constitution. C'est aussi le meilleur jour pour sevrer les enfants.

Le jour de Pâques il ne faut pas manger d'œufs: il vaut mieux garder les œufs que l'on donne ce jour-là pour les consommer un autre jour.

Le 9 mai, jour de la saint-Nicolas, est un jour favorable aux entreprises financières et, en général, pour s'enrichir.

Il faut éviter de se baigner, dit-on, pendant la canicule de sainte Anne (26 juillet).

Semer le blé à la saint-Léger (2 octobre) rend la récolte maigre.

La veille de Noël et du mercredi des Cendres, il faut éviter de prendre un bain pour éloigner les maladies.

Il faut remarquer que Noël correspond, à quelques jours près, au solstice d'hiver (21 décembre), le jour le plus court de l'année, celui où le Soleil est le plus éloigné de la terre: c'était la fête du Soleil renaissant. Une importance particulière est attachée aux solstices (21 juin et 21 décembre) ainsi qu'aux équinoxes (21 mars et 22 septembre), points cardinaux du parcours solaire, jours chargés de tension, ce sont par excellence les jours où il faut faire attention à ce qu'on entreprend (rappelons que solstices et équinoxes marquent le début des quatre saisons, rythmant le cycle de la nature).

Enfin, il ne faut pas cueillir de fruits ni se livrer aux excès de nourriture ou de boisson, au commerce charnel ou à la paresse pendant les Quatre-Temps. Ici encore on retrouve l'ancien culte solaire: les Quatre-Temps sont des périodes de jeûne et d'abstinence qu'on observait traditionnellement quatre fois l'an, au début de chaque saison, pendant trois jours (le mercredi, le vendredi et le samedi), en mars pendant la première semaine de carême, fin mai à la Pentecôte, en septembre avant la saint-Michel (29 septembre), et au début du mois de décembre.

Divers présages tirés des astres

Les enfants conçus entre mai et septembre et qui naissent entre février et juin vivront longtemps.

Il ne faut pas planter la vigne pendant les années bissextiles.

Les enfants nés le troisième jour après la nouvelle lune auront une longue vie.

Aux Indes, on ne coupe pas en lune descendante le bois qui doit servir à construire les bateaux.

Si un homme et une femme aperçoivent la Lune dans son second jour en septembre, ils seront très heureux toute l'année.

Regarder la nouvelle lune par-dessus son épaule gauche est très mauvais signe; par-dessus l'épaule droite, c'est l'annonce d'un bonheur prochain.

Aimer à contempler la Lune, dit-on en Ecosse, est signe que l'on deviendra plus tard aveugle.

Regarder les étoiles chaque soir favorise les gains d'argent.

Apercevoir de son lit une étoile brillante signifie qu'une chance inattendue doit arriver.

C'est mauvais signe de ne pas apercevoir l'étoile polaire ou l'étoile du berger (Vénus) quand on les cherche dans le ciel.

Ce sont les taches solaires qui seraient à l'origine des crises économiques périodiques.

Recevoir les rayons du soleil couchant prédit un mariage prochain.

Apercevoir le rayon vert, c'est-à-dire le dernier rayon du soleil couchant à l'horizon, qui est de couleur verte, est un excellent présage.

CHAPITRE V
LES ANIMAUX

Avec les présages tirés des animaux, nous accédons à une autre dimension de la divination. Les phénomènes extraordinaires, les astres et les éléments reflétaient l'ordre et les accidents de l'univers (le macrocosme) dans l'existence des individus (le microcosme), alors que les animaux sont des êtres vivants, tout comme nous.

Mais, à la différence de l'humanité qui a pris ses distances avec la nature au point de devenir aveugle aux signes qu'elle recèle, le règne animal est entièrement régi par l'instinct. Les animaux sont donc de plus sûrs témoins que nous-mêmes des messages du Destin, car en eux aucune volonté, aucune réflexion ne vient s'interposer pour déformer et brouiller la réception de ces messages.

C'est pourquoi, depuis les temps les plus reculés, les présages tirés des animaux ont servi à départager les hommes, à trancher les conflits, à décider en toute neutralité dans les situations incertaines. L'exemple le plus célèbre en est sans conteste celui de la fondation de Rome. Les deux frères jumeaux Romulus et Rémus s'étaient mis d'accord pour fonder une ville, mais se disputaient la primauté: chacun revendiquait cet honneur; on décida d'interroger le Destin en recourant aux présages qui risquaient le moins d'être contestés. Les deux frères devaient se rendre sur deux collines qui se faisaient face, et qui correspondaient à l'endroit où chacun voulait édifier la ville: le mont Aventin pour Rémus, le mont Palatin pour Romulus. De leur position respective, ils devaient compter les vautours qu'ils apercevraient dans le ciel, celui qui en verrait le plus étant déclaré vainqueur. Rémus en vit six, et Romulus douze; le Destin ayant ainsi tranché en faveur de Romulus, c'est à lui qu'échut la gloire de fonder sur le Palatin la ville qui prit son nom, Rome.

Les oiseaux

Comme l'exemple précédent le montre, on accordait aux oiseaux une attention toute particulière dans l'Antiquité. Habitants du ciel, les oiseaux étaient considérés comme plus près des dieux, donc plus à même de signifier aux hommes leur volonté. Un collège de devins, les augures, était spécialement chargé d'observer et d'interpréter le vol, la nourriture et le chant des oiseaux; les oracles qu'on en tirait, sous le nom d'auspices[1], déterminaient la réussite ou l'échec des entreprises, et ils étaient scrupuleusement respectés. Les mots d'augure et d'auspice ont d'ailleurs pris une extension universelle, venant à désigner tout présage, quel qu'il soit.

La règle principale de l'observation du vol des oiseaux est la suivante: voir un oiseau voler de gauche à droite est un bon présage, et de droite à gauche un mauvais présage.

Les oiseaux de passage qui arrivent plus tôt que de coutume des pays froids prédisent un hiver rigoureux.

Les oiseaux volant près du bord des rivières indiquent la pluie.

[1]Du latin *avis* (oiseau) et *spicere* (regarder).

Une personne qui entend des oiseaux chanter le matin recevra de bonnes nouvelles dans la journée.

De même, lorsqu'une personne quittant sa maison voit un oiseau voler tout près d'elle, elle recevra dans la journée des nouvelles qui la mettront d'excellente humeur. Mais si l'oiseau vole sur elle, comme pour l'attaquer, et qu'il la frôle de justesse, c'est signe qu'elle devra se tenir sur ses gardes.

Trouver un nid d'oiseau avec la mère annonce une abondance de biens.

Voir des oiseaux se becqueter présage un mariage prochain: si ce sont des tourterelles ou des colombes, le mariage sera heureux.

Voir un aigle voler annonce des gains et un triomphe. En effet, l'aigle symbolise la puissance et la gloire; attribut de Zeus (Jupiter), le roi des dieux, c'est aussi l'oiseau du don prophétique par excellence: Jean de Patmos, l'auteur du livre de l'*Apocalypse*, où il annonce la fin des temps et le jugement dernier, fut surnommé "l'aigle de Patmos".

Le corbeau est un oiseau prophétique, mais il annonce le malheur: son cri est un mauvais présage. Un corbeau qui s'abat sur le toit de la maison ou qui se pose sur le rebord d'une fenêtre est un signe de mort prochaine. Edgar Allan Poe, dans son poème *Le Corbeau*, résume le caractère néfaste de cet oiseau: le corbeau répète, comme un refrain obsédant, les deux mots "Never more" (plus jamais).

Le cri de la chouette est tenu pour un présage fatal; il faut cependant remarquer que la chouette a une double signification. Oiseau nocturne dont le cri ressemble à une plainte d'agonie, elle présente un aspect sinistre. Mais c'est aussi l'oiseau qui voit dans la nuit, et à ce titre elle symbolise la sagesse: c'est l'oiseau de Minerve, que Hegel a célébré.

Le pigeon est l'oiseau messager; en croiser un était réputé bon signe et l'annonce d'une visite joyeuse. Mais il est à craindre que la prolifération, dans les grandes villes, de ces oiseaux n'atténue quelque peu cet aspect positif; il est courant en effet d'y rencontrer des pigeons morts ou estropiés, ce qui inverse la signification du présage.

Trouver chez soi une plume de pigeon est un signe de mort.

L'alouette est traditionnellement un oiseau bénéfique. Un des talismans réputés les plus efficaces en magie noire est le pied d'alouette, qu'on porte avec soi pour se prémunir contre la persécution et le mauvais œil.

Dans le même ordre d'idées, un cœur de tourterelle enveloppé dans une peau de loup est supposé éteindre les sentiments d'amour. C'est là un exemple de sortilège divinatoire dont on ne saurait trop rappeler l'absurdité et le danger.

En voici un autre exemple: un œil d'hirondelle placé dans le lit de quelqu'un doit lui faire perdre le sommeil. A coup sûr, la personne victime de cette mauvaise plaisanterie pourrait se demander qui lui en veut à ce point et perdre le sommeil à cette idée. Outre leur caractère répugnant et sanguinaire, ces sortilèges sont inefficaces et inutiles, comme nous l'avons signalé dans notre introduction.

Entendre une huppe qui chante quand on vient de planter la vigne ou quand elle bourgeonne annonce une abondance de vin, dit-on en Bourgogne.

Celui qui voit deux corneilles voler ensemble recevra sous peu une somme d'argent.

Voir plusieurs pies est un présage très heureux.

Le chant du rossignol promet de la joie; celui du coucou promet de l'argent.

La poule contrefaisant la voix du mâle est un funeste présage, de même que la poule qui chante avant le coq le matin. Ce sont deux exemples d'inversion, qui est toujours un signe auquel il faut prendre garde.

Les poules qui rentrent au poulailler annoncent la pluie.

Les mammifères

Les mammifères sont les animaux les plus proches de nous dans le règne animal: l'homme lui-même est un mammifère, faisant partie de l'ordre des primates. Il n'est donc pas étonnant que les mammifères nous soient familiers; certains mammifères domestiques sont les compagnons de l'humanité depuis la nuit des temps.

Si en allant faire une visite à quelqu'un on rencontre sur son chemin des moutons, la visite sera joyeusement accueillie.

Si en sortant de chez soi on rencontre un âne, les projets n'aboutiront pas.

Quand un âne se roule dans la poussière on peut être sûr qu'il ne pleuvra pas; mais s'il a les oreilles dressées la pluie menace.

Remarquons que l'âne, le plus méprisé des animaux domestiques, est souvent pris par les philosophes comme un symbole de la sagesse. L'âne, simple et sans malice, accède directement à la vision surnaturelle: dans la Bible, l'ânesse de Balaam voit l'ange de Dieu que son maître Balaam ne voit pas et celui-ci la frappe. “L'ange de Yahweh lui dit: Pourquoi as-tu frappé ton ânesse par trois fois? C'est moi qui suis venu pour t'arrêter, car ce voyage est contre mon gré. L'ânesse m'a vu et s'est déjà détournée de moi trois fois. Si elle ne s'était détournée de moi, maintenant je t'aurais tué, mais lui aurais laissé la vie" (*Nombres, 22*). S'inscrivant dans cette tradition, Victor Hugo, dans le poème *L'Ane*, fait de cet animal le messager de la vérité.

Voir un lièvre courir devant soi est un mauvais signe; si cela se passe un samedi matin, c'est toutefois le signe d'une richesse à venir.

Tuer un lapin est de très mauvais augure.

Apercevoir une belette est un signe redoutable.

Quand des souris apparaissent dans une maison, cela annonce un déménagement prochain.

Dans les Pyrénées, où il y avait de nombreux ours apprivoisés par les bateleurs, on disait que posséder un morceau d'étoffe qui a été sur la tête de cet animal empêche de devenir aveugle.

La rencontre d'un sanglier est de mauvais augure; mais la queue du sanglier est un porte-bonheur.

Les rats qui abandonnent un navire annoncent que celui-ci est sur le point de couler; l'expression est passée dans le langage courant. Ce qu'on sait moins, c'est que les rats qui envahissent une maison présagent son écroulement.

Tuer un chien ou un chat porte malheur.

Si l'on fait un vœu en apercevant un chaton, le vœu se réalisera; en revanche un chiot empêche les souhaits d'aboutir.

Un chien ou un chat qui s'agite soudainement dans une maison annonce le mauvais temps.

Lorsqu'un chat pousse des miaulements plaintifs à minuit, un mariage aura lieu dans la maison.

La visite d'un chat noir étranger dans une maison porte bonheur; mais croiser un chat noir dans la rue porte malheur. Le chat, et tout particulièrement le chat noir, représente depuis la plus haute antiquité le surnaturel; les Egyptiens le vénéraient comme un animal sacré. Nocturne, lunaire, le chat a été associé, au cours du Moyen Age, aux rites lucifériens: les chats se rendaient au sabbat, et les sorcières se transformaient en chats. Cette tradition, jointe à l'impression de mystère que dégage cet animal, explique son emploi fréquent dans la littérature fantastique, du *Chat Murr* d'Ernst Amadeus Hoffmann au *Chat noir* d'Edgar Allan Poe, sans oublier Lovecraft pour qui les chats sont une véritable obsession (*Les Chats d'Ulthar*).

Le poème de Baudelaire *Les Chats* est l'expression parfaite de leur troublante énigme.

> *"Amis de la science et de la volupté,*
> *Ils cherchent le silence et l'horreur des ténèbres;*
> *(...) Ils prennent en songeant les nobles attitudes,*
> *Des grands sphinx allongés au fond des solitudes,*
> *Qui semblent s'endormir dans un rêve sans fin;*
> *Leurs reins féconds sont pleins d'étincelles magiques,*
> *Et des parcelles d'or, ainsi qu'un sable fin,*
> *Etoilent vaguement leurs prunelles mystiques."*

Lorsqu'un chat se lèche et fait sa toilette, cela annonce des visites dans la journée.

Rencontrer un chat tôt le matin, avant le lever du Soleil, est un augure d'accident.

Entendre un chat miauler le soir présage un malheur.

Voici une pratique aberrante, tirée de la tradition de l'Inde, qui montre bien la fascination qu'exercent les chats et le pouvoir surnaturel qu'on leur prête: lorsqu'une femme désire beaucoup d'enfants, il faut qu'elle attrape un chat noir, qu'elle lui attache les quatre pattes et qu'elle le mette le soir dans le lit conjugal; le matin suivant, le mari et la femme doivent demander sept fois, ensemble, au chat qu'il donne des enfants au ménage. Après sept jours, pendant lesquels le chat aura été bien nourri, ils laisseront partir l'animal, et si le chat revient ils seront certains d'avoir des enfants dans l'année.

Le chien partage avec le chat l'intimité des êtres humains; gardien des maisons, il veille sur son maître et lui montre son attachement, à la différence du chat qui reste toujours impénétrable: son ronronnement même a quelque chose d'inquiétant.

A minuit lorsqu'un chien pleure, la mort rôde dans la maison.

Les pleurs d'un chien sous une fenêtre sont l'annonce que la mort guette les habitants.

Ces présages expliquent pourquoi l'on dit des chiens qu'ils hurlent à la mort; cette formule est à prendre au sens propre.

Perdre un chien signifie qu'une perte de fortune est à prévoir. Rencontrer une chienne pleine annonce des événements heureux.

Les reptiles

Les oiseaux sont les animaux de l'air, les mammifères ceux de la terre; les reptiles (et les amphibiens, qui leur sont traditionnellement associés) sont les animaux du feu. Cela peut surprendre, dans la mesure où de nombreux reptiles et tous les amphibiens vivent dans un milieu humide et aquatique, mais cette signification symbolique vient de leur constitution: couverts d'écailles, quelquefois cuirassés, ils font penser aux démons de l'enfer. Et la tradition veut qu'ils soient insensibles aux flammes, comme la célèbre salamandre.

Le crapaud n'a pas bonne réputation. Sa laideur y est pour quelque chose; c'est pourtant un animal inoffensif, et un crapaud rencontré le matin est un présage de bonheur pour la journée.

Les joueurs disent que posséder un lézard fait gagner au jeu. Mais la rencontre d'un lézard est de mauvais augure.

Le caméléon a la propriété bien connue de changer de couleur suivant le fond devant lequel il se trouve. Les personnes que le caméléon fascine ont, d'après la tradition, l'humeur capricieuse et versatile.

Le serpent est le symbole de l'éternel retour, représenté par l'*ouroboros*, serpent qui se mord la queue; on sait que les serpents muent chaque année, c'est-à-dire changent de peau: l'ancienne peau se détache et une nouvelle la remplace. L'éternel retour est ainsi à la fois une mort et une renaissance, une fin et un renouveau. Le serpent symbolise aussi la connaissance et la duplicité; il est à peine besoin de rappeler le serpent tentateur de la *Genèse*, conseillant à Eve de manger le fruit de la connaissance interdite et introduisant ainsi le mensonge et le mal dans le monde.

Un serpent aperçu du côté gauche est signe de malheur.

Il paraît qu'une femme enceinte qui éprouve une attirance pour les serpents aura une fille: c'est ce qu'affirme la tradition orientale.

Avoir une peur panique à la vue d'un serpent annonce une maladie.

Les animaux marins

Plutarque disait qu'on ne peut tirer aucun présage des poissons car, vivant dans un monde à part, dans les profondeurs des eaux, ils ne nous donnent aucun renseignement sur notre propre existence. Et en effet, les animaux marins semblent appartenir à un autre monde: habitants de l'abîme, ils nous mettent en présence du mystère de ces étendues insondables.

Le plus inoffensif animalcule rencontré en nageant ou échoué sur le rivage évoque à notre imagination les monstres gigantesques qui hantent l'océan, presque inaccessibles à la curiosité des hommes.

Aussi les présages tirés des animaux marins sont-ils peu nombreux et réduits aux plus familiers d'entre eux, c'est-à-dire à ceux qui arrivent sur nos tables.

Quand une veuve vient de nouer une nouvelle amitié, il ne faut pas qu'elle mange de poisson, sous peine de voir cette amitié compromise.

Manger beaucoup de poisson et de fruits de mer fait, dit-on, avoir des filles aux femmes enceintes.

Voir un poisson s'échouer sur le sable annonce une heureuse surprise.

Au Pays de Galles, les femmes qui veulent se marier, pour connaître le nom de leur futur mari, mettent une moule sur une ardoise et regardent les traces que forme l'animal en se tournant et se retournant sur l'ardoise, indiquant ainsi l'initiale de l'époux.

Trouver une perle dans une huître est un très bon présage; c'est l'annonce d'un bonheur inespéré.

Les insectes

Les insectes sont des animaux étranges et inclassables. Ils peuplent l'eau, l'air et la terre, et on compte plus d'espèces différentes d'insectes que de tous les autres animaux réunis.

La fourmi, animal familier, est depuis toujours l'exemple de la sagesse, de la prudence et de la prévoyance; on la retrouve avec cette signification aussi bien dans la Bible que dans les fables d'Esope, et une célèbre fable de La Fontaine l'illustre. Un nid de fourmis dans une maison indique richesse à venir, et on disait autrefois qu'il faut donner du sucre aux fourmis pour s'attirer la bonne fortune.

Trouver un insecte dans un fruit est l'indice d'une maladie.

Un essaim d'abeilles qui s'envole et cherche un autre gîte est une perte de fortune pour celui qui l'aperçoit.

En Allemagne, on dit, selon la tradition, qu'il ne faut jamais acheter des abeilles mais seulement les échanger.

Un jeune homme qui aperçoit une abeille volant près de lui aura l'amour d'une jeune fille; si elle le pique, c'est lui qui tombera amoureux (l'amour est traditionnellement représenté sous les traits d'un archer ailé décochant ses flèches).

Si une jeune femme voit sur sa robe un papillon, elle se mariera bientôt.

Le papillon en général est messager de bonnes nouvelles, à l'exception du sphinx tête-de-mort, ainsi appelé parce que le dessin de ses ailes déployées évoque un crâne.

Si une femme mariée voit un papillon se poser sur son bras droit, elle aura un garçon; si c'est sur le bras gauche, ce sera une fille.

L'araignée est associée, la plupart du temps, aux insectes. Pourtant ce n'en est pas un: elle fait partie des arachnides et non des insectes (elle a huit pattes, les insectes n'en ont que six). Mais sa ressemblance avec eux explique aisément la confusion.

Une araignée qui tombe du plafond annonce un héritage.

Si une jeune femme trouve une araignée sur sa robe, elle sera victime de l'amour.

Les grosses araignées indiquent généralement la richesse et les gains.

Une petite araignée que l'on trouve sur soi indique une somme d'argent à recevoir.

CHAPITRE VI
PLANTES ET MINERAUX

Il peut sembler étrange, voire saugrenu, d'associer dans un même chapitre les plantes, qui sont des êtres vivants, et les minéraux, inorganiques par définition. C'est ne pas tenir compte du fait que, dans les présages, les plantes et les minéraux ne sont pas considérés pour eux-mêmes, mais par rapport à nous. On ne saurait trop insister sur l'importance de ce principe, car il est souvent négligé, ce qui est à l'origine de nombreux malentendus et de la plupart des faux procès dont la divination fait l'objet.

Pris sous leur aspect symbolique, plantes et minéraux forment un tout unique, comme l'indique le parallélisme de leurs subdivisions. De fait, les pierres précieuses sont comme les fleurs du règne minéral: vivement colorées et vouées à un usage ornemental, fleurs et pierres précieuses véhiculent un même symbolisme, celui des couleurs; le langage des pierres précieuses est le pendant du langage des fleurs. La rareté et la splendeur apparentent les métaux précieux aux pierres précieuses, mais les métaux sont aussi de véritables fruits de la terre; on a cru d'ailleurs pendant des millénaires que les métaux poussaient dans le sein de la terre, tout comme les plantes.

Comme on le voit donc, les minéraux, symboliquement, ont les mêmes propriétés que les végétaux, desquels ils ne se distinguent d'ailleurs guère, ce qui explique pourquoi on les réunit traditionnellement.

Les plantes

L'arbre représente la stabilité et la patience; la vie, la connaissance, la science ont été de tout temps symbolisées par un arbre. Dans la *Genèse*, Dieu met au milieu du jardin d'Eden "l'arbre de la vie et l'arbre de la science du bien et du mal", interdisant à Adam et à Eve d'en manger le fruit; cette interdiction n'a pas été respectée, avec les conséquences que l'on connaît. Les philosophes ont souvent décrit la science universelle comme un arbre (*arbor scientiae*), le plus célèbre étant celui de Descartes, dont la métaphysique forme les racines, la physique le tronc, et dont les fruits sont la morale, la médecine et les arts mécaniques. On le voit donc, l'arbre, notamment dans les rêves, annonce l'accomplissement, la réalisation des projets.

Rêver d'une forêt signifie que l'on s'apprête à réaliser un grand dessein, à bâtir une maison — ce qui peut s'entendre au sens propre ou comme le symbole d'une indépendance sur le point d'être acquise.

L'acacia présage le renouveau, la renaissance; l'amandier l'enfantement, la fertilité; le cyprès, arbre funéraire, qui orne les cimetières, la mort; l'olivier, la récompense.

Le chêne, arbre sacré des Gaulois, donne des songes prophétiques quand on s'endort à son pied; le gui cueilli sur un chêne et porté sur soi protège contre les maladies. Ajoutons que Saint Louis rendait la justice sous un chêne et que le grand spirite Jérôme Henry n'entrait en transe médiumnique que sous un baldaquin en bois de chêne.

En Suède, les femmes sortent traditionnellement le 1er mai avant le lever du soleil et cueillent des feuilles de saule. Elles en font des couronnes qu'elles attachent à l'entrée des étables pour les préserver du malheur.

Le noisetier, comme l'amandier, symbolise la fertilité; aimer les noisettes signifie qu'on aura beaucoup d'enfants.

L'oranger représente la pureté; seules les vierges peuvent se marier en portant des fleurs d'oranger. Si l'on place une fleur d'oranger sur la toilette d'une mariée, on se mariera soi-même dans l'année; mais si ladite mariée n'est pas vierge, feignant de l'être, le mariage ainsi prédit sera malheureux.

Pour connaître l'initiale du nom de son futur mari, une jeune fille doit peler une orange, en prenant bien garde de ne pas séparer la peau en plusieurs morceaux mais de n'en faire qu'une bande; la peau ainsi pelée d'un seul trait, jetée par-dessus l'épaule gauche, indiquera en formant une lettre l'initiale de l'époux.

Quant aux jeunes mariés, s'ils mangent des fruits acerbes, ils n'auront pas de garçon, mais seulement des filles.

Une tradition indienne veut que la personne qui aperçoit la fleur du figuier soit destinée à exercer les plus hautes fonctions.

Les fleurs rouges et blanches, très odorantes du cactus produisent, quand on les a légèrement écrasées, un sommeil extatique pendant lequel on répond aux questions posées sur l'avenir.

Le laurier, avec les feuilles duquel on tressait des couronnes, dans l'Antiquité romaine, pour en orner la tête des généraux vainqueurs ou des grands poètes, servait en outre à se protéger de la foudre. En Grèce, les devins mâchaient ou brûlaient du laurier consacré à Apollon pour se mettre en condition. Si la branche de laurier jetée au feu pétillait en brûlant, c'était un signe favorable; si elle se consumait silencieusement, cela n'augurait rien de bon. De même que le chêne, le laurier sous lequel on s'endort provoque des rêves divinatoires.

La fleur blanche de l'aubépine sert de porte-bonheur.

La marguerite, au contraire, est une fleur de tristesse et prédit les pleurs. Les amoureux l'effeuillent pour savoir si leur amour est véritable et si leur flamme est payée de retour.

Une branche de lilas à cinq feuilles n'augure que de bonnes choses.

La fleur du souci annonce, par sa position et son allure, non seulement la pluie et le beau temps, mais aussi les soucis ou les joies en perspective, d'où son nom.

La rose a donné lieu à toute une mythologie, souvent moralisatrice, en raison de son double caractère: une fleur magnifique, mais aussi des épines. Elle représente ainsi tantôt les épreuves à surmonter pour atteindre la perfection, comme dans le conte de *La Belle au bois dormant*, où le héros doit traverser une forêt de ronces avant d'arriver à la Belle endormie; tantôt le prix de la beauté, blessant cruellement ceux qui s'en approchent.

Voir deux roses sur une seule tige est le signe que l'on se mariera bientôt.

Si une femme enceinte, ayant placé dans un vase des roses de Jéricho, les voit s'ouvrir immédiatement, son accouchement sera facile et le bébé sera bien portant.

Le nom de Rose donné aux filles augure pour elles une heureuse fortune.

Recevoir un bouquet de roses au premier de l'an promet des succès au cours de l'année.

En Espagne, on fait avec une feuille de rose une petite capsule dont on se frappe ensuite le front; si elle fait un bruit nettement perceptible, on considère que c'est un bon augure.

Voici une curieuse recette écossaise pratiquée par les jeunes filles voulant s'attirer l'amour d'un jeune homme: elles prennent une feuille de rose sur laquelle elles écrivent leur nom, la nuit, avec leur propre sang, puis mettent cette feuille dans un gâteau qu'elles offrent au jeune homme. Si celui-ci mange la feuille de rose avec le gâteau sans s'apercevoir de rien, il viendra trois jours plus tard implorer l'amour de la jeune fille les larmes aux yeux.

Si une femme qui doit se marier reçoit un bouquet du fiancé avant la demande en mariage, la noce n'aura jamais lieu.

On mettait autrefois, lors du baptême, une couronne de fleurs sur la tête de l'enfant pour lui assurer le bonheur durant sa vie.

On portait aussi des ceintures d'herbes pour se préserver des maladies.

De toutes les herbes qui portent bonheur, la plus connue sans doute est le trèfle à quatre feuilles; c'étaient à l'origine les joueurs qui le portaient pour être sûrs de gagner.

L'infusion de séné, pour être bénéfique, doit être prise, dit-on, dans un récipient ovale ou carré sur lequel sont inscrites les deux premières lettres de l'alphabet.

La verveine offerte à une dame doit la rendre amoureuse.

A Calcutta, celui qui veut devenir fort riche donne tous les matins une poignée de riz au plus malheureux qu'il puisse trouver, et ce pendant quarante jours; après cela il est certain de devenir riche.

L'inoffensif navet est un légume des plus quelconques. Pourtant il présage, si on le rencontre au moment où l'on forme un projet, que ce projet n'aboutira pas.

Voici, pour finir, les plantes symboliques des principaux pays; voir en rêve une de ces plantes annonce généralement un voyage dans le pays correspondant ou la rencontre d'une personne qui en est originaire. La violette représente la Grèce; l'érable, le Canada; le lotus, l'Egypte; la rose, la Grande-Bretagne ou les Etats-Unis; le bleuet, l'Allemagne; le trèfle, l'Irlande; le lys, l'Italie; le tilleul, la Pologne; le chardon, l'Ecosse; la grenade, l'Espagne.

Les minéraux

Si, lorsqu'on se promène avec un ami, on glisse sur une pierre, cela indique que l'amitié sera brisée.

A Rome, celui qui trouvait une pierre ityphallique (ayant la forme d'un phallus) la portait comme amulette pour se préserver contre la ruse et l'envie.

Dans le Berry, il est d'usage de ramasser trois pierres et de les jeter devant soi quand on se promène dans la campagne, ce qui éloigne la malchance pour tout le mois qui vient.

Selon la tradition chinoise, les chutes de pierres ou les pluies de pierres pronostiquent de nouveaux impôts à payer.

Le dimanche, jour du Soleil, il faut porter des pierres jaunes; le lundi, jour de la Lune, le diamant porte malheur, mais toutes les autres pierres blanches sont favorables; le mardi, jour de Mars, ce sont les pierres rouges; le mercredi, jour de Mercure, les pierres violettes; le jeudi, jour de Jupiter, les pierres bleues; le vendredi, jour de Vénus, les pierres vertes; le samedi, jour de Saturne, le diamant.

Voici les pierres précieuses correspondant aux douze signes du zodiaque: au Bélier, le rubis; au Taureau, le saphir; aux Gémeaux, l'agate; au Cancer, l'émeraude; au Lion, le diamant; à la Vierge, la cornaline; à la Balance, la chrysolithe; au Scorpion, l'aigue-marine; au Sagittaire, la topaze; au Capricorne, la turquoise; au Verseau, le grenat; aux Poissons, l'améthyste.

L'améthyste garantit ceux qui la portent contre l'ivresse et les sortilèges.

Perdre une améthyste prédit la mort d'un parent.

Le diamant écarte la foudre et les revenants; il est utilisé par les médiums pour provoquer la transe. Selon le *Talmud,* le diamant désigne les coupables pendant les procès en se ternissant tout à coup.

Le rubis éloigne les cauchemars et la mélancolie, et aide à oublier les peines de cœur.

Le saphir, symbole de la sagesse, éclaire l'intelligence et favorise le travail intellectuel.

L'émeraude, dit-on, vole en éclats si son possesseur vient à sombrer dans la débauche. D'après une tradition, le saint Graal était taillé dans une énorme émeraude qui avait servi de calice à Jésus-Christ lors de la Cène.

Le béryl stimule le don prophétique et sert à découvrir les voleurs.

Passons maintenant aux métaux. Aux sept planètes correspondent sept métaux: l'or au Soleil, l'argent à la Lune, le cuivre à Vénus, le fer à Mars, l'étain à Jupiter, le plomb à Saturne. Quant au Mercure, il correspond au vif-argent, que l'on appelle pour cette raison le mercure.

Rêver d'or ou d'une couronne d'or présage des honneurs, rêver d'argent la bonne santé.

L'acier passe pour éloigner les cauchemars. Si l'on est souvent tourmenté par d'affreuses visions nocturnes, il est bon de prendre dans sa main, en se couchant, un morceau d'acier.

Ramasser dans la rue un objet en fer (un clou, par exemple) est signe de malheur, et il faut absolument éviter de ramasser le fer rouillé.

Le fer à cheval est un porte-bonheur célèbre que l'on accroche au mur au-dessus de sa porte; on disait autrefois que la fumée d'un fer à cheval brûlé chasse les souris d'un appartement. Quant au fer de l'âne, il a, disait-on aussi, la vertu de chasser les mouches: mais il ne faut pendre au mur que le fer d'une patte de gauche.

Lorsqu'à l'église l'anneau de la mariée s'arrête à la seconde jointure de l'annulaire et ne va pas plus loin, c'est le signe qu'elle sera autoritaire dans le ménage, et réciproquement dans le cas du mari.

Perdre un anneau de mariage est un mauvais présage qui annonce des épreuves à subir.

Retirer de son doigt une bague que l'on porte depuis des années prédit de grands malheurs.

Des bijoux perdus annoncent une déchéance et l'ivrognerie.

Une pierre précieuse qui se détache de sa monture est signe d'accidents à venir.

Enfin, en ce qui concerne les pièces de monnaie, trouver un sou percé est traditionnellement le signe que l'on doit recevoir de l'argent. C'est pourquoi les joueurs ont l'habitude d'en porter un sur eux; ils sont ainsi assurés de gagner fréquemment.

Les couleurs

Le symbolisme parallèle des plantes et des minéraux débouche sur celui des couleurs, puisque c'est en fonction de leur couleur qu'on leur attribue telle ou telle propriété. Il n'est donc pas inutile de rappeler ici les caractères essentiels des couleurs.

Certaines couleurs sont rattachées aux quatre éléments: à la terre correspond le noir (ou le brun), au feu le rouge (ou l'orange), à l'air le jaune (ou le blanc), à l'eau le bleu (ou le vert).

Aux trois dimensions de l'espace correspondent trois couleurs: le bleu représente la hauteur ainsi que tout ce qui est vertical; le rouge la profondeur, l'horizontalité; le jaune la largeur, l'espace en général, la circularité. Le temps (la quatrième dimension) est représenté par le noir, l'éternité par le blanc.

Dans le symbolisme alchimique, le blanc est la première étape du Grand Œuvre (*albedo*), le rouge la seconde (*rubedo*), et le noir la dernière: l'œuvre au noir (*opus nigrum*) symbolise la perfection, dont l'œuvre au blanc et l'œuvre au rouge sont des approches, des approximations. Ainsi, chaque fois que l'on rencontre ces trois couleurs ou deux seulement d'entre elles, qu'elles s'opposent et que l'une surmonte l'autre, on peut en déduire l'acheminement vers la perfection (si le rouge surmonte le blanc et si le noir succède au rouge) ou vers la déchéance (si c'est l'ordre inverse qui est suivi).

Remarquons que dans la tradition chrétienne, qui se méfie de l'alchimie, le noir et le rouge sont les couleurs du démon et le blanc celle des anges. La triade blanc-bleu-rouge symbolise le Père, le Fils et le Saint-Esprit.

Les vertus aussi ont leur code: le vert est la couleur de l'espérance, le blanc celle de la foi et de la chasteté, le rouge celle de l'amour et de la charité, le noir celle de la pénitence. Le blanc représente la virginité, le noir le deuil.

Les couleurs, on le voit, sont donc à prendre en considération dans l'estimation des présages, qui se présentent rarement sous une forme simple ou, si l'on veut, pure, mais souvent enchevêtrés, mêlés à toutes sortes de détails et de circonstances complexes, qu'il importe de savoir distinguer et apprécier, car ils constituent autant de précisions et de nuances supplémentaires.

Se marier en rose annonce infailliblement un divorce.

Ne porter que du noir en y mettant de la vanité est le signe d'un suicide dans la famille.

Ecrire des lettres à l'encre rouge signifie bienveillance de la part de celui qui écrit.

CHAPITRE VII
LES RENCONTRES

Cette partie de notre exposé est sans doute celle où se révèle le plus la nature des présages. En effet, à travers les événements et les personnes auxquels il nous arrive d'être confrontés chaque jour (ce que nous désignons par le terme général de rencontres), il apparaît clairement que tout peut constituer un présage, et non pas seulement certaines catégories d'objets privilégiés. Selon l'adage ancien, *omnia sunt signa*: tout est signe pour qui sait voir.

Les divers présages que nous allons citer ne composent donc pas une liste exhaustive; une énumération qui se voudrait complète serait condamnée à se prolonger indéfiniment: il lui faudrait contenir tout l'univers, et ce livre n'aurait jamais de fin. Précisons que tous les présages, à proprement parler, pourraient figurer dans le présent chapitre, puisqu'il s'agit toujours de tirer des conclusions à partir de ce qui nous arrive, de ce qui se rencontre sur notre route; ce n'est que pour la commodité du lecteur et la clarté de l'exposé que nous avons divisé celui-ci en sections thématiques.

On trouvera ici les couples d'oppositions fondamentales, dont il est aisé de rechercher des exemples dans les autres chapitres. Ces oppositions forment l'ossature de notre perception, le cadre de notre expérience; c'est donc à partir d'elles que nous prenons conscience du fait que les multiples événements qui jalonnent notre existence ne surviennent pas de façon désordonnée, mais reflètent l'ordre et l'unité de l'univers.

La gauche et la droite

Le côté droit est le côté de la décision, de la volonté, de l'action (la main qui écrit, la main habile est en général la main droite); le côté gauche celui de la passivité, de l'incertitude, de l'indécision (la main gauche est maladroite). Ce qui donne lieu à deux types de présages.

Le plus souvent, le côté gauche est considéré comme néfaste. Le mot latin signifiant "gauche", *sinister*, a donné en français "sinistre", ce qui indique bien l'ancienneté de cette assimilation de la gauche au mauvais sort. C'est pourquoi, traditionnellement, les gauchers étaient tenus en suspicion, car on leur attribuait une connivence avec le diable, maître de tout désordre et de toute confusion.

Mais quelquefois, au contraire, le côté gauche est favorable, car il représente la spontanéité, le naturel, alors que le côté droit est vicié, perverti par son aspect utilitaire, par sa subordination à la volonté et à la réflexion. De là vient que se lever du pied gauche est un bon présage, alors que se lever du pied droit est un signe que tout va aller de travers pendant la journée. De là vient aussi l'usage de toujours lire les lignes dans la main gauche et jamais dans la main droite, ainsi que celui de faire couper le jeu, lorsque l'on tire les cartes, de la main gauche par la personne qui consulte.

Cette ambivalence de l'opposition gauche-droite montre bien la nécessité d'une certaine prudence dans l'interprétation: il faut se garder de conclure trop hâtivement, avant d'avoir soigneusement pesé le pour et le contre.

Le matin et le soir

De nombreux présages sont mauvais le matin, alors qu'ils sont bons ou indifférents le soir; nous avons pu le constater notamment au chapitre III, à propos de l'éternuement. Pourquoi? Aristote en donne l'explication.

> *"Pourquoi les éternuements sont-ils de mauvais augure depuis minuit jusqu'à la moitié du jour, tandis que ceux qui ont lieu de la moitié du jour à minuit passent pour être bons? N'est-ce pas parce que l'éternuement semble devoir nous arrêter davantage quand nous commençons quelque chose, et qu'on est au début de ce qu'on fait? Aussi, quand il arrive au moment où l'on va commencer une chose, c'est alors qu'il nous détourne surtout de la faire. Or l'aurore et l'intervalle qui va de minuit à midi est une sorte de commencement. Aussi, à ce moment-là, prenons-nous bien garde de ne pas éternuer, pour ne pas être arrêtés dans ce que nous désirons faire. Au contraire, l'après-midi et le soir, jusqu'à minuit, sont plutôt une fin, et l'opposé du matin; il en résulte qu'on doit prendre la même précaution, mais dans le sens contraire".*

La même explication régit tous les présages matinaux: il s'agit toujours d'obstacles qui viennent interrompre l'élan du début de la journée. De même, les présages que l'on rencontre en sortant de chez soi constituent autant d'encouragements ou de mises en garde concernant la poursuite de l'activité ou du projet que l'on se proposait de mener à bien.

Passer sa chemise de travers le matin est signe de mauvaise nouvelle.

Déchirer ses manchettes en s'habillant est un présage fâcheux.

Se coiffer de travers augure un procès. Se coiffer la nuit annonce une profonde tristesse.

S'endormir à midi préfigure des malheurs; dormir dans la journée présage une perte à subir.

Bâiller le matin annonce une visite.

Selon un vieux dicton, "qui chante le matin pleurera le soir"; c'est un exemple typique de formule anodine en apparence, mais qui repose sur un fonds cohérent, une connaissance oubliée — en l'occurrence le caractère déterminant des signes matinaux sur les événements de la journée.

En se chaussant le matin, enfiler d'abord le soulier droit n'annonce rien de bon, de même que sortir de chez soi du pied droit (c'est-à-dire en effectuant du pied droit le premier pas dehors).

Voici un autre exemple de déformation par de longs siècles de bouche-à-oreille populaire. On dit quelquefois qu'il ne faut pas éternuer en se chaussant; ce dicton, pris à la lettre, est trompeur. Car ce n'est pas le fait d'éternuer *en se chaussant* qui est un mauvais présage, mais d'éternuer en se levant le matin; or, quand on se lève, en général on se chausse. Le dicton ne prend tout son sens que si l'on en restitue la signification originelle, autrement ce n'est qu'une formule arbitraire.

Le haut et le bas

Le mouvement vers le haut est associé à la communication avec le surnaturel, le divin, tandis que le mouvement vers le bas symbolise la dégradation, la déchéance, la fatalité. Ainsi tout ce qui tombe, tout ce qui se renverse, a-t-il une valeur négative: c'est l'enracinement dans sa condition et l'impossibilité d'y échapper.

Un tableau qui tombe de son cadre est un sinistre présage.

La chute d'un meuble est également de mauvais augure.

Un couteau, des ciseaux qui tombent et restent fichés en terre sont un présage de mort. En revanche, s'ils tombent à plat, c'est l'annonce d'une visite.

Un torchon qu'on laisse échapper des mains annonce aussi une visite.

Si, tenant un jeu de cartes complet en ses mains, on laisse tomber par mégarde une carte, c'est le signe qu'on recevra un affront. De même, quand une carte glisse des mains.

Renverser une chaise annonce une querelle pour bientôt, même si on ne l'a pas fait sous le coup de la colère ou de la nervosité mais par simple maladresse.

Voir un banc renversé signifie des ennuis en perspective.

Renverser un encrier annonce un deuil prochain.

Une femme qui perd sa jarretière doit s'attendre à un chagrin peu de temps après.

Une pantoufle qui glisse du pied du mari indique que son épouse va lui chercher querelle.

Les obstacles à l'action

Tout obstacle que l'on remarque au début ou pendant le cours d'une action est un signal, un avertissement; mais, répétons-le, ce n'est pas nécessairement l'annonce d'un événement fâcheux: ce peut être quasi un encouragement.

Trébucher en sortant de chez soi, buter ou glisser sur une pierre, signifie que ce qu'on s'apprêtait à faire risque de ne pas donner le résultat escompté.

Un amoureux qui glisse dans l'escalier conduisant au logis de sa bien-aimée doit craindre de ne jamais se marier avec elle.

Quand une vieille femme glisse sur une marche d'escalier, on en conclut, aux Etats-Unis, que la même chose va arriver à deux jeunes mariés.

Une personne qui se pique le doigt en faisant de la couture recevra un baiser dans la journée.

Casser une aiguille signifie que l'on sera confronté à un choix difficile.

Un lacet qui se casse indique à l'amoureux une trahison.

Un miroir brisé est l'annonce d'un grand malheur.

Casser un verre pendant qu'on était en train de l'essuyer annonce une nouvelle venue de loin.

Une corde de piano qui se casse est le signe d'une peine à venir et d'un désespoir.

Un ruban qui se rompt indique que la personne qui vous aime pense à vous en ce moment.

Egarer un seau ou un balai est malchance en perspective.

Une femme enceinte qui néglige son évier sera longtemps en travail d'enfant.

Porter de vieilles chaussures annonce un chagrin.

Les habits rongés par les souris ou les mites sont le signe d'événements malheureux à venir.

Acheter une vieille malle ou une vieille valise chez un brocanteur annonce une perte d'argent.

Lorsqu'une maison paraît vieille à ses habitants, c'est un mauvais présage. Comme on le voit, tout ce qui est vieilli, usé, apparaît comme l'indice d'une mauvaise fortune à venir. En effet, cela va souvent de pair avec un certain laisser-aller dans la conduite de son existence; mais, là encore, il faut savoir tirer des présages négatifs leur contenu positif: de tels présages ne doivent pas décourager, mais inciter à un renouveau; ils avertissent d'une tendance qu'il est toujours possible de reprendre en main et de modifier.

Dormir dans un lieu abandonné, une ruine, porte malheur à toute personne autre qu'un religieux.

Entendre les cloches d'une église sonner alors qu'on marche dans la campagne prédit une maladie.

Un jeune garçon qui entend un tambour à la campagne connaîtra les honneurs militaires.

Trouver de la paille dans sa chambre à coucher annonce une visite dans la journée.

Une porte qui s'ouvre toute seule présage une grave maladie.

Passer sous une échelle est un mauvais présage bien connu; mais on ne lui attribue peut-être pas toujours sa véritable signification. Car il est évident que passer sous une échelle est une chose dangereuse en soi: on risque en effet de la recevoir sur la tête, avec éventuellement la personne qui se trouvait dessus. Mais cela ne constitue pas un présage. Les présages ne sont jamais tels par eux-mêmes, mais en fonction de leur caractère symbolique; c'est une distinction qu'il faut toujours avoir présente à l'esprit. Or, du point de vue symbolique, que représente l'échelle? Selon la tradition, l'échelle représente le lien, le passage entre le ciel et la terre, entre le monde d'en haut et celui d'en bas, tout comme l'arc-en-ciel dont nous avons parlé au chapitre II. L'illustration la plus célèbre en est sans doute le songe de Jacob, dans la *Genèse*:

"Il eut un songe: voici qu'une échelle, appuyée sur la terre, avait son sommet qui touchait les cieux, et que les anges de Dieu montaient et descendaient sur elle".

Passer sous une échelle signifie donc faire fi de la communication avec le sacré et s'en moquer, de même que montrer du doigt l'arc-en-ciel; la preuve en est que les sceptiques qui veulent montrer leur mépris des présages passent, dès qu'ils en ont l'occasion, sous une échelle, par dérision et pour faire acte de matérialisme. Mais la matière se venge, et souvent les rend ridicules.

Marcher sur le pied de quelqu'un présage mauvaise fortune.

Les personnes qui se voient souvent marcher en rêve sont appelées à connaître la célébrité.

Une jeune fille qui, dans la rue, marche en tapant prétentieusement du talon doit prendre garde aux revers de fortune.

Marcher à grands pas indique de la vigueur, de la volonté et présage des réussites.

Trop rêver augure de profondes peines.

Une peur soudaine et immotivée signale un événement inattendu et surprenant dans les prochains jours.

Une tristesse éprouvée sans raison annonce une grande joie pour bientôt.

Répandre à dessein de mauvaises nouvelles, des racontars et des rumeurs pendant un festin n'augure rien de bon pour la personne qui le fait; on l'appelle oiseau de malheur, et tôt ou tard elle subira le même sort.

Donner un remède ou un médicament à quelqu'un est un bon présage, qui annonce un profit inattendu.

Si deux cuillers se trouvent par hasard dans la même tasse ou la même assiette, un mariage aura prochainement lieu dans la famille.

Les frais d'un mariage payés par une belle-mère laissent présager un divorce.

Quand une femme nouvellement accouchée prend pour marraine de son enfant une femme enceinte, c'est mauvais signe, soit pour celui qui est déjà né, soit pour celui qui doit naître.

Il ne faut pas qu'une femme enceinte qui assiste à la messe voie le prêtre pendant qu'il s'habille pour le service, et surtout lorsqu'il met la ceinture de son aube.

Un homme qui donne un coup de pied à une femme, ou qui bat un enfant, s'expose à des malheurs et à la déchéance.

C'est un mauvais présage pour un homme de se moquer des sentiments d'amour devant une amie, une fiancée ou une épouse.

Lorsqu'un mari vient à faire la paix avec sa femme après une querelle, il aura de grands succès dans la journée.

Il ne faut jamais offrir un couteau comme présent; c'est un signe qui brise l'amitié entre les personnes.

Un couteau ramassé dans une rue est l'annonce d'un deuil.

Il faut se garder de mettre deux couteaux en croix: on se vouerait sans le savoir au diable, car c'est un rituel des adorateurs de Lucifer.

Quand une jeune fille cherche en vain son épingle à cheveux, son amoureux est en train de penser à elle.

Couper un livre avec une épingle à cheveux signifie déception pour bientôt.

Les personnes

Si la première personne que l'on voit en sortant de chez soi pour se rendre à une affaire importante est une jeune femme qui pleure, l'affaire n'aura aucun succès.

Rencontrer une femme rousse indique une querelle de ménage.

Une femme ivre est l'annonce d'un malheur prochain.

La rencontre d'une bossue présage une visite dans la soirée.

Si, en se rendant à un dîner, on croise une femme enceinte et échevelée, c'est une malchance en perspective.

On disait autrefois que rencontrer une jeune fille de bonne famille le matin rend la journée stérile, mais que rencontrer une prostituée est un bon présage pour toute la journée.

Voyager en compagnie d'artistes annonce une querelle de ménage.

La rencontre d'un colporteur est un mauvais présage pour la santé.

On a longtemps pensé que si un voyageur demande à quelqu'un son chemin, ce dernier doit retourner chez lui sous peine d'un grand malheur.

Voir un brahmane dans la rue en Europe est un bon présage; en revanche, croiser un moine est traditionnellement de mauvais augure.

Voir un prêtre qui se rase la tête est un bon signe.

Croiser quelqu'un qui a mal à l'œil ou à la cuisse droite est un présage fâcheux.

C'est mauvais signe de toujours rencontrer sur son chemin des personnes antipathiques.

Quand une personne qui vient de sortir de chez elle voit des gens discuter ou se quereller près de sa porte, ce qu'elle se proposait de faire doit échouer. C'est pourquoi autrefois il était d'usage de rentrer chez soi pour quelques minutes et de ne ressortir qu'après que les gens se fussent éloignés. Signalons à ce propos que, selon une vieille coutume, si l'on vient à passer devant son logis, il faut avoir soin de marcher sur le seuil de sa porte pour éloigner la malchance.

Lorsque, sortant de chez soi animé d'un projet important, on est hélé dans la rue par un parent que l'on ne s'attendait pas à voir, le projet n'aboutira pas.

Rencontrer la personne qu'on aime dans un cimetière est un très mauvais présage: séparation et pleurs.

La rencontre d'un borgne, d'un aveugle, d'un boiteux, est traditionnellement néfaste, ainsi que celle d'un infirme.

Voir plusieurs fois dans un court intervalle de temps des déménageurs sortir d'une maison annonce un mariage ou un héritage sous peu.

Traverser un cortège funèbre, une procession, est un signe de maladie ou de mort prochaine.

Une noce qui croise un enterrement en entrant à l'église ne laisse rien augurer de bon pour le mariage.

Deux proches parents qui se marient, dit-on en Inde, risquent fort de n'avoir que des garçons dans leur progéniture.

Remettre la date d'un mariage qui a déjà été publié à la mairie est fort mauvais.

Enfin, un suicide dans une maison prédit la ruine pour certains de ses habitants.

CHAPITRE VIII
LES NOMBRES

Aussi loin que l'on remonte dans l'histoire, on constate qu'une valeur divinatoire a toujours été attachée aux nombres, considérés comme la clef de la connaissance de l'univers. Au Ve siècle avant notre ère, Pythagore affirmait que "tout est nombre" et que "les nombres sont le principe, la racine et la source de toutes choses". Pour Théon de Smyrne, mathématicien grec du IIe siècle après Jésus-Christ, "l'harmonie qui est répandue dans le monde ne se montre à ceux qui la cherchent que lorsqu'elle leur est révélée par les nombres".

Ainsi, quand Galilée, le célèbre physicien et astronome italien du XVIIe siècle, proclame que "le livre de la nature est écrit en caractères mathématiques", il ne fait que s'inscrire dans une tradition millénaire. Les nombres sont l'alphabet du monde; par le nombre et les correspondances qu'il permet d'établir entre les faits les plus éloignés et les plus dissemblables en apparence, on accède aux "harmonies de l'être", selon la formule de l'abbé Lacuria.

Mais la série des nombres, comme chacun sait, est infinie. Comment, dans ces conditions, savoir à quoi correspond un nombre quelconque, par exemple une date de naissance? La méthode est très simple: il suffit de ramener ce nombre à l'un des dix premiers nombres entiers naturels, par le moyen de la réduction théosophique. Ainsi, les dix premiers nombres suffisent pour interpréter tous les autres.

Comment procède-t-on? Il faut additionner les chiffres constituant le nombre que l'on veut réduire; on obtient alors un nouveau nombre. Si celui-ci est supérieur à 10, on additionne à nouveau ses chiffres, et ainsi de suite jusqu'à ce qu'on obtienne un nombre compris entre 1 et 10. Ce dernier est la réduction théosophique du nombre pris comme point de départ. Supposons qu'une personne née en 1943 veuille connaître la signification divinatoire de sa date de naissance. $1+9+4+3=17$; $1+7=8$. La réduction théosophique de 1943 est 8; c'est le 8 qui gouverne cette date de naissance.

Les dix premiers nombres

Signalons tout d'abord la distinction essentielle entre les nombres pairs et les nombres impairs. Les nombres pairs sont féminins; les nombres impairs sont masculins. Les nombres pairs représentent le monde, la création, tout ce qui engendre et est engendré: en effet, la tradition les considère comme des nombres composés, leur division donnant toujours deux nombres entiers. D'où leur double aspect: en tant qu'union, les nombres pairs sont positifs; en tant que divisibles, donc corruptibles, ils sont négatifs. Les nombres impairs représentent le divin, l'incréé, la pureté et la perfection, car leur division donne une fraction et non un nombre entier; on ne peut, selon la tradition, ni les diviser ni les corrompre. Dès lors, tandis que les nombres pairs sont ambigus, sans rien de définitif, les nombres impairs sont le signe de la fatalité, en bien ou en mal.

Le 1 représente le principe, le commencement, l'origine; contrairement à l'usage courant, qui voit les nombres comme des unités ajoutées les unes aux autres, la tradition pythagoricienne les considère comme une division, un éparpillement de l'unité primordiale. Le 1 a donc une place exceptionnelle; c'est le chiffre de la victoire, du succès: ce n'est pas un hasard si l'as est souvent la plus forte carte dans les jeux.

Le 2 représente la chute, l'imperfection, l'accouplement et la discorde. Favorable aux amoureux, ce nombre présage les difficultés et les problèmes dans la plupart des projets et des entreprises.

Le 3 représente la perfection; la théologie chrétienne y voit les trois aspects de Dieu (le Père, le Fils et le Saint-Esprit). C'est le premier nombre masculin selon Pythagore, qui en faisait aussi le symbole du lien, de tout ce qui rattache. Le 3 est le nombre de l'action et de l'organisation, il donne puissance et efficacité. Dans les rites et les cérémonies magiques, on répète souvent trois fois la formule ou le geste dont on attend le succès; c'est pourquoi il est parfois considéré comme le nombre du sort inexorable, de la fatalité qui s'abat.

Lorsqu'on offre à un ami quelque chose où figure le 3, cela annonce une querelle, car le 3 jette la discorde dans le 2: c'est pourquoi le ménage à trois est toujours voué à l'échec.

Le 4 représente la stabilité, l'équilibre. C'est le nombre du carré, le nombre qui soutient, la base: il y a quatre éléments, quatre saisons, etc. Le 4 est donc un présage positif, dans la mesure où il représente le *statu quo*; mais c'est un équilibre fermé sur lui-même, sans perspective d'ouverture. Il peut donc facilement se retourner en isolement, en tendance à végéter et à se racornir, car l'immobilité est une forme d'échec et de mort.

Le 5 est l'addition du premier nombre féminin (2) et du premier nombre masculin (3); il comprend donc en lui le corruptible et l'incorruptible, le charnel et le spirituel, le créé et l'incréé. Aussi est-il traditionnellement le nombre de l'homme, être fini, imparfait, englué dans la matière, mais qu'habitent le désir de perfection et la recherche de l'absolu. Il signifie généralement bonheur domestique et bonne condition physique.

Le 6 est le produit du premier nombre féminin et du premier nombre masculin (2×3): les pythagoriciens l'appelaient "le mariage"; c'est le nombre de l'œuvre, de la création. Dieu, dans la *Genèse*, crée le monde en six jours. C'est le nombre propice à l'enfantement, à la réalisation des projets.

Le 7 est la perfection du cycle achevé, l'accomplissement final de l'œuvre. Nombre sacré (il y a sept sacrements dans la religion catholique, sept vertus, sept planètes, etc.), le 7 représente la plénitude, et, puisque 7 est l'addition du 3 (l'esprit) au 4 (la matière), il représente la maîtrise des choses matérielles par la pensée. En magie, on a recours au 7 quand le 3 ne suffit pas: les formules et les gestes répétés sept fois passent pour être plus efficaces. Remarquons toutefois que le 7 est une plénitude finie, achevée, et par là même limitée: il y a sept vertus, mais aussi sept péchés capitaux.

Quand, au commencement d'une entreprise, on se trouve confronté au nombre 7, c'est le signe que la persévérance sera couronnée de succès.

Le 8 exprime la réussite, l'évolution sans obstacles, le développement harmonieux vers l'unité. En tant que 7+1, le 8 confirme le 7 et le parachève; mais en tant que nombre pair, il ne comporte pas en lui-même de quoi aller au-delà, vers le dépassement.

En revanche, le 9, dernier nombre avant le 10, contient la promesse de ce dépassement: il signifie le salut, la survie assurée à l'œuvre accomplie, l'ouverture vers de nouveaux horizons et la purification.

Enfin, le nombre 10 représente la perfection absolue. C'était le nombre sacré des pythagoriciens, la *tétraktys*: "le Dix sacré, qui détient la clef de toutes choses". Résumant en lui tous les nombres, il est à la fois le retour à l'unité, l'accomplissement de toutes les potentialités contenues dans l'homme (2×5), la somme des quatre premiers nombres (1+2+3+4=10) et du même coup la réduction théosophique de 4, c'est-à-dire la sublimation des propriétés de stabilité et d'équilibre que recelait celui-ci, mais sur un plan supérieur. En effet, au 1 s'associe le 0 pour composer le 10: la réduction théosophique de 10 est donc 1, c'est-à-dire l'origine de tout, et le 0, entité mystérieuse qui n'est pas un nombre tout en en étant un, lui ajoute l'infini.

On comprend donc la vénération dont ce nombre était l'objet dans l'Antiquité; Nicomaque de Gérase, mathématicien grec du premier siècle de notre ère, explique pourquoi le système décimal a été pris pour base de la numération.

> *"Comme le tout était d'une multitude illimitée, il fallait un ordre. Or, c'est dans la décade que préexistait un équilibre naturel entre l'ensemble et les éléments. C'est pourquoi Dieu, arrangeant le monde avec art de par sa raison, se servit de la décade comme d'un canon pour le tout, et c'est pourquoi les choses, du ciel à la terre, ont pour les ensembles et les parties leurs rapports de concordance basés sur elle et ordonnés d'après elle."*

Autres nombres significatifs

Avec le 11, la série des nombres recommence; comme l'enseigne saint Thomas d'Aquin, "le nombre 10 est la première et l'infranchissable limite des nombres. Au-delà de 10, les nombres ne continuent pas, mais ils recommencent. Ce sont autant de séries nouvelles qui se reproduisent à l'infini sur le modèle de la première. Autrement dit, après la suspension du cycle, l'ouverture sur l'infini que marque le 10, le 11 nous replonge dans le cercle vicieux de la temporalité, dans le monde corruptible, où tout est toujours à refaire. C'est pourquoi le 11 est un signe néfaste; pour saint Augustin, c'est même "le nombre du mal". Il ne faut rien commencer par le 11, qui voue fatalement à l'échec tout ce qu'il gouverne.

Le 12 en revanche, en tant que produit du 4 et du 3, totalise l'esprit et la matière, surmontant le cap dangereux du 11. Il y a douze apôtres, douze patriarches, douze mois dans l'année, douze signes du zodiaque; le 12 représente le rayonnement et le déploiement des potentialités dans la réalisation de l'harmonie.

Le 13, selon la tradition, est le nombre du changement, de la modification, de la transformation: sa signification est donc bonne ou mauvaise, dépendant de la nature du changement en question: car un changement peut être positif ou négatif. On considère en général que le 13 est un nombre qui porte chance, sauf dans deux cas: quand le treizième jour du mois tombe un vendredi (voir le chapitre IV) et quand on se trouve treize à table, à cause de la Cène au cours de laquelle Jésus-Christ, se trouvant à table avec les douze apôtres, leur annonça que l'un d'entre eux allait le trahir. Ce fut Judas Iscariote, qui, comme on le sait, se pendit après avoir accompli son crime, pris de remords. Lorsque figurent treize convives à un repas, c'est donc présage de mort pour l'un d'eux, et la tradition précise même lequel: c'est le treizième en comptant de gauche à droite à partir de la maîtresse de maison (ou, à défaut, du maître de maison).

40 occupe une place à part: c'est le nombre de l'attente, du délai, de la mise à l'épreuve. Dans la *Genèse*, le déluge universel, où tous les êtres vivants trouvent la mort à l'exception de Noé et sa famille, ainsi que des animaux qui avaient pris place dans l'arche, dure quarante jours et quarante nuits. Au temps du Carême, le jeûne est de quarante jours, et autrefois, dans les ports, on mettait les matelots en quarantaine (c'est-à-dire isolés pendant quarante jours) quand on craignait qu'ils fussent porteurs d'épidémies. Le 40 représente un avertissement du Destin, une épreuve à surmonter à laquelle il faut se préparer; c'est une attente active, et non un temps mort, incitation à la paresse ou au renoncement.

50 est le nombre de la récompense; c'est l'unité ajoutée à 49, c'est-à-dire 7×7, la perfection multipliée par elle-même; c'est aussi 10×5, c'est-à-dire le nombre de l'homme multiplié par le nombre de la réussite et du succès absolus.

Mentionnons rapidement d'autres nombres que la tradition considère comme bénéfiques: le 15, le 16, le 22, le 28, le 30, le 36. En revanche, néfastes sont les nombres 20, 70, et surtout 666, le nombre de la Bête de l'*Apocalypse*, plus précisément de la seconde Bête, celle de la terre, qui succède à celle de la mer.

> *"Elle séduit les habitants de la terre... Elle fait qu'à tous, petits et grands, riches et pauvres, hommes libres et esclaves, on met une marque sur la main droite ou sur le front, de façon que personne ne puisse acheter ni vendre, s'il n'est marqué du nom de la Bête ou du chiffre de son nom... Que celui qui a de l'intelligence calcule le chiffre de la Bête. C'est un chiffre d'homme, et son chiffre est 666".*

666 représente la tyrannie, le pouvoir absolu; on a découvert au XIXe siècle que 666 est la valeur numérique en hébreu des

consonnes de “César Néron”, symbole du despotisme aveugle et de la folie du pouvoir. Ce qui explique pourquoi on nous dit que “c’est un chiffre d’homme”.

Ceci nous amène directement au problème des correspondances entre les nombres et les lettres de l’alphabet.

Les lettres de l’alphabet

L’idée d’attribuer une valeur numérique aux lettres de l’alphabet a pour origine la conception des nombres comme alphabet primordial, le seul véritablement universel puisque c’est celui-là même que la nature emploie. Etablir une correspondance entre les lettres et les nombres donne une profondeur aux signes écrits qui dépasse de loin le rôle purement instrumental que ceux-ci jouent dans les différentes langues. La gnose et la kabbale ont porté au plus haut point les procédés de correspondance, en leur donnant une portée métaphysique et religieuse jamais égalée; cet art s’appelle gématrie.

Malheureusement, la plupart des méthodes gématriques sont si compliquées qu’elles ne sauraient être exposées ici; de plus, elles ont été établies le plus souvent pour l’hébreu ou le grec, de sorte qu’une transposition en français devrait être menée avec la plus grande prudence. Signalons simplement le procédé le plus élémentaire, consistant à remplacer chaque lettre par son équivalent numérique selon la place qu’elle occupe dans l’alphabet: ainsi, A = 1, B = 2, C = 3, etc. Le total des lettres d’un nom peut facilement être ramené de cette façon à un nombre, auquel, après avoir éventuellement appliqué les règles de la réduction théosophique, on peut attribuer une signification qui éclairera les virtualités divinatoires de ce nom.

Quand deux ou plusieurs personnes sont en rivalité ou en conflit, pour savoir qui l'emportera, il faut additionner les lettres du nom de chacune: celle dont le total est le plus élevé est favorisée par la chance, alors que celle qui a le plus petit risque fort de s'avérer vaincue.

La lettre M est traditionnellement détentrice d'une vertu favorable, à laquelle tient la place centrale qu'elle occupe dans l'alphabet: une personne dont le nom commence par M est appelée à rencontrer le succès dans ses entreprises.

Quand, dans un couple, la somme des lettres du nom des deux partenaires est la même, c'est le présage d'une heureuse entente; si les sommes diffèrent, la personne dont le nom correspond au nombre le plus élevé prendra l'initiative d'une rupture éventuelle.

Quand une femme a la première et la dernière lettre de son nom identiques à celles du nom de son futur époux, le mariage sera heureux.

Si trois jeunes filles ayant le même prénom se trouvent réunies à table au cours d'une réception, toutes trois se marieront avant la fin de l'année.

La tradition accorde une vertu aux noms par eux-mêmes dans certaines circonstances; ainsi, on a longtemps considéré que, pour se préserver des cauchemars et des mauvaises pensées nocturnes, il faut écrire son propre nom sur un bout de papier et mettre celui-ci sous son oreiller, en prenant soin de se coucher sur le côté droit et non sur le gauche.

En Chine, on pensait que le nom de Confucius inscrit sur une pièce de soie faisant partie du costume d'une jeune fille garantissait celle-ci contre tous les dangers.

Dessiner des lettres décoratives sur une feuille de papier sans intention de former des mots prédit tristesse et mélancolie.

A la vertu des lettres et des mots se rattache la bibliomancie, ou divination par les livres. Il s'agit d'ouvrir un livre à n'importe quelle page, dans un moment d'incertitude ou d'hésitation sur la conduite à tenir, et de prendre conseil de ce qui s'y trouve écrit. Le Destin nous conduisant à ouvrir le livre à telle page plutôt qu'à telle autre se manifeste ainsi sous forme d'oracle écrit par avance, et d'autant plus impartial de ce fait. Comme l'usage voulait que cette forme de consultation du Destin fût pratiquée sur l'*Enéide* de Virgile plutôt que sur un ouvrage quelconque, on l'appelait *sortes virgilianae*, "les sorts virgiliens". Par la suite on privilégia surtout la Bible, le livre par excellence, mais les autorités religieuses ont toujours condamné cet usage, et la divination en général.

L'exemple le plus fameux de bibliomancie se trouve dans les *Confessions* de saint Augustin. Alors qu'il hésitait à abandonner l'existence commune pour se consacrer exclusivement à la religion, voici ce qui lui arriva.

> *"Je pleurais dans la très amère contrition de mon cœur. Et voici que j'entends, s'élevant de la maison voisine, une voix, voix de jeune garçon ou de jeune fille, je ne sais. Elle dit en chantant et répéta à plusieurs reprises: "Prends et lis! Prends et lis!" Je refoulai l'élan de mes larmes et me levai. Une seule interprétation s'offrait à moi: la volonté divine m'ordonnait d'ouvrir le livre (la Bible) et de lire le premier chapitre que je rencontrerais. Je le pris, l'ouvris et lus en silence le premier chapitre où tombèrent mes yeux: "Ne vivez pas dans la ripaille et l'ivrognerie, ni dans les plaisirs impudiques du lit, ni dans les querelles et les jalousies; mais revêtez-vous du Seigneur Jésus-Christ, et ne pourvoyez pas à la concupiscence de la chair." Je ne voulus pas en lire davantage, c'était inutile: à peine avais-je fini de li-*

re cette phrase qu'une espèce de lumière rassurante s'était répandue dans mon cœur, y dissipant toutes les ténèbres de l'incertitude... Je ne songeai plus à chercher femme et je renonçai à toutes les espérances du siècle."

Comme on le voit, malgré la suspicion dans laquelle l'Eglise tient la bibliomancie, celle-ci a exercé une puissance de fascination même sur ses membres les plus influents et les plus célèbres, ce qui conduit à relativiser la portée de ses condamnations répétées de la divination, puisqu'elle l'accepte sans sourciller lorsqu'elle sert ses intérêts. Cet exemple est caractéristique de l'universalité de la divination: il montre bien qu'on ne la supprime pas par des exhortations et des remontrances, qui s'avèrent purement formelles dans la mesure où ceux qui la condamnent sont les premiers à y croire.

CHAPITRE IX
LA PHYSIONOMIE

La divination a toujours porté au corps humain une attention particulière, ce qui ne doit pas nous étonner puisque, comme l'affirme le *Sepher ha-Zohar* (Livre de la Splendeur), ouvrage sacré de la tradition kabbalistique, "la physionomie de l'homme est le livre sur lequel sont inscrits ses actes et ses états d'âme". C'est donc du corps envisagé comme système de signes qu'il est ici question; mais cela peut donner lieu à deux recherches différentes, qu'il convient de bien distinguer, d'autant plus qu'on les confond souvent.

L'étude du corps, et particulièrement du visage et des mains, considéré en tant que miroir du caractère, de la personnalité, des aptitudes de l'individu, est la physiognomonie. Ses plus illustres représentants furent Gianbattista Della Porta au XVIe siècle et Kaspar Lavater au XVIIIe; pour ce dernier, la physiognomonie "juge de l'intérieur par l'extérieur". On fait abusivement de cette science une forme de divination, car elle ne fait que décrire ce qui est, et non ce qui sera: rien n'est plus éloigné de la divination que le simple compte rendu expérimental.

Les présages tirés du corps humain relèvent, eux, d'une tout autre façon de concevoir l'observation et l'expérience. Les signes du corps ne reflètent pas seulement l'âme de l'individu, mais l'univers entier, selon le principe des correspondances symboliques: le Zohar précise à juste titre que "les lignes de la paume et des doigts sont à l'homme ce que les étoiles et les autres corps célestes sont au firmament", ce qui vaut également pour le reste de l'anatomie. On a ici une parfaite illustration du raisonnement analogique, dont nous avons donné la formule abstraite au chapitre I. La perspective divinatoire est donc, on le voit, bien plus ample que celle à laquelle se limite la physiognomonie.

La philosophie occulte ne gagne rien à se déguiser en science expérimentale; elle n'en a nul besoin. Croire qu'on lui donnera ainsi plus d'autorité et de séduction est non seulement une erreur profonde quant à sa nature, mais presque une véritable mystification: c'est propager la confusion au lieu de préserver la spécificité d'une méthode radicalement différente de la procédure habituelle aux sciences positives.

La tête

Des démangeaisons soudaines au sommet du crâne présagent un changement de position sociale (en bien ou en mal).

Un enfant qui vient au monde en ayant déjà des cheveux sur la tête sera favorisé par la fortune; c'est ce qui s'appelle "naître coiffé".

Les cheveux qui blanchissent annoncent une perte d'argent.

L'abondance des cheveux aux jeunes enfants annonce qu'ils seront plutôt mélancoliques.

Les cheveux qui tombent rapidement sont le signe de peines de cœur à venir.

Il ne faut jamais jeter ses cheveux au feu: cela présage de grands malheurs.

Autrefois il était d'usage de cracher trois fois sur les cheveux restés sur le peigne ou sur la brosse, pour se garantir contre les changements de domicile.

Les femmes aux cheveux très noirs risquent de tromper souvent leurs amoureux, car elles sont passionnées et volages.

Quand une jeune femme fait parade de sa chevelure, elle se consumera d'amour pour quelqu'un qui se jouera d'elle.

Voici une curieuse recette pour avoir des enfants (nous la mentionnons, bien qu'il s'agisse d'un sortilège caractérisé, parce que s'y combinent plusieurs types de symboles; c'est un exemple de syncrétisme remarquable). La femme stérile doit conserver tous les cheveux qu'elle arrachera en se peignant, et les mettre en sûreté dans un endroit secret. Au bout de quarante-neuf jours de cette discipline, elle les placera dans une boîte qui doit être impérativement en or et de forme ronde; s'assurant qu'elle est solidement fermée, elle la disposera sur le feu. Une fois que le contenu aura été brûlé et réduit en cendres, elle devra en manger la moitié avec des ailes de scarabée et faire avaler l'autre moitié à son mari sans qu'il s'en rende compte. Elle aura un enfant avant la fin de l'année.

L'examen des lignes du front s'appelle métoposcopie. Les lignes horizontales sont fortunées si elles sont continues, mais mauvaises si elles sont entrecoupées et brisées. Les lignes transversales, montantes ou descendantes, sont néfastes et de mauvais augure. Un pli en forme de croix entre les deux sourcils est le signe d'un mariage avec une personne riche.

Quand le sourcil droit démange, on se rendra prochainement au théâtre, au concert ou au cinéma.

Les tressaillements de la paupière gauche d'un homme indiquent une perte d'argent, ceux de la paupière droite un accroissement de fortune; pour la femme, c'est l'inverse.

Le tressaillement des paupières supérieures est en général plus positif que celui des paupières inférieures.

Si l'œil gauche d'un mort reste ouvert malgré les tentatives pour le fermer, un de ses proches parents est menacé de mourir à son tour.

A Naples, pour préserver les enfants du mauvais œil, on leur attache aux épaules des petits morceaux de miroir brisé.

Les personnes qui ont le mauvais œil, les sorciers, se signalent par un regard fixe, des clignements de paupière très espacés, et ont souvent les yeux jaunes fibrillés de vert.

Quand l'oreille tinte, quelqu'un est en train de parler de vous et d'en dire du bien; l'oreille gauche qui se bouche subitement annonce la naissance d'un garçon, l'oreille droite qui démange annonce une fille.

Un bouton qui pousse tout à coup sur le bout du nez prédit un mensonge; c'est pourquoi l'on dit aux enfants que s'ils mentent, leur nez va s'allonger: une fois de plus, un dicton d'apparence innocente tire son origine d'un aspect de la philosophie occulte.

Saigner du nez signifie brouille imminente entre deux amis intimes. Le saignement de la narine gauche surtout est un mauvais présage.

Lorsque le nez démange, c'est l'annonce d'une visite dans la journée.

La démangeaison des lèvres est l'indice que l'on va bientôt embrasser quelqu'un.

Avaler une dent cassée est un présage de mort.

Rêver que l'on perd une dent annonce la mort d'un proche parent.

Les Turcs considèrent que se faire tailler la barbe est un signe malheureux qui prédit des échecs.

Les mains

La divination par l'observation de la main ou chiromancie est l'une des méthodes les plus répandues et les plus perfectionnées; son origine remonte à la plus haute Antiquité. Elle se pratique sur la main gauche (l'explication en a été donnée au chapitre VII).

Les lignes principales de la main sont (*figure 4*): la ligne de vie, qui se rapporte à la durée de l'existence; la ligne de tête, qui se rapporte à la mémoire et aux facultés intellectuelles; la ligne de cœur, qui concerne les amours; la ligne de fortune, dite aussi ligne de réussite. Plus ces lignes sont longues et accusées, plus la qualité qu'elles gouvernent est développée. Une ligne courte ou que l'on discerne difficilement indique des difficultés et des déboires dans le domaine concerné.

Une ligne de vie, par exemple, longue et bien tracée annonce santé et longévité; plus elle descend vers le poignet, plus la vie sera longue. En revanche, coupée sur son parcours, c'est l'indice d'une maladie: plus la coupure est large et profonde, plus la maladie sera dangereuse.

Outre les lignes, on observe aussi les protubérances et les reliefs de la paume, appelés monts. Il y en a sept, chacun se rapportant à une planète.

Le mont de Jupiter indique la religion, l'ambition, l'amour des honneurs; très prononcé, c'est la superstition, l'orgueil, et même la folie. L'absence de ce mont signifie donc irréligion, insouciance, anonymat, manque de dignité.

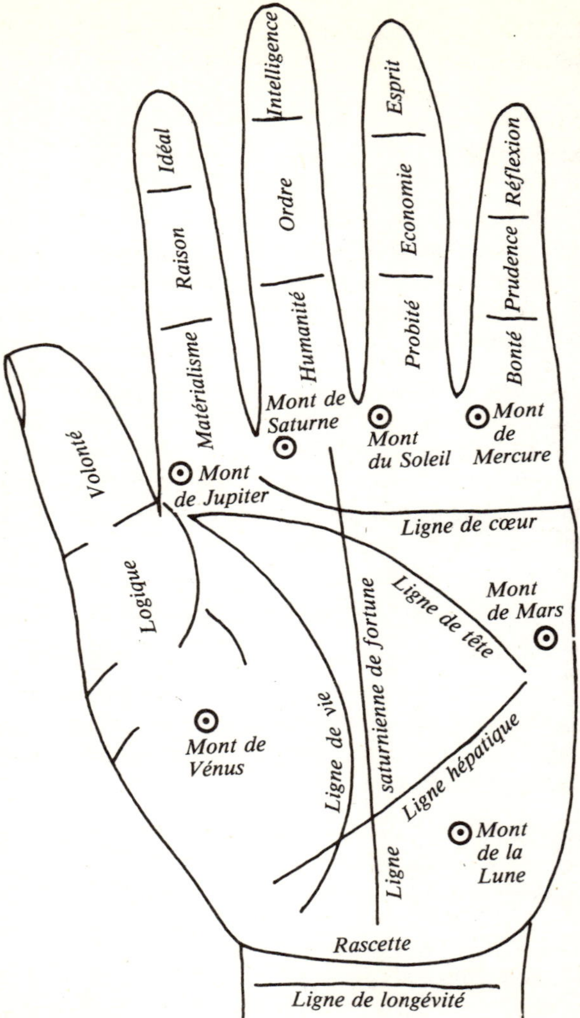

Figure 4. Carte de la main.

Le mont de Saturne est très marqué chez les personnes sages et prudentes. Il indique alors la chance, la réussite; son absence signale l'infortune, l'imprudence, l'ignorance. Il est à noter que la ligne de fortune, placée exactement sous le mont de Saturne, est rarement bonne quand le mont en question est peu accentué: c'est pourquoi elle est aussi appelée saturnienne.

Le mont du Soleil signifie succès, gloire, célébrité, intelligence, richesse. Très prononcé, il indique le goût excessif de la popularité, même au prix de moyens malhonnêtes, l'audace, l'envie. Absent, c'est le goût pour la vie tranquille et le calme, c'est aussi la marque d'un esprit borné.

Le mont de Mercure annonce la science, l'industrie, le commerce, le goût du travail, des affaires. Son excès est l'amour du jeu, l'âpreté au gain, la propension au vol, le surmenage. Son absence est le dégoût du travail, de l'effort, et aussi l'horreur des compromissions.

Le mont de Mars indique courage, intrépidité, vaillance; son excès dénote l'obstination, la colère, la cruauté, la méchanceté, et son absence est signe de lâcheté, mollesse et timidité.

Le mont de la Lune signale l'inclination à la rêverie, à la mélancolie, et la chasteté, la pudeur. L'excès est la pruderie, l'humeur maussade et la misanthropie; l'absence l'étourderie, l'immoralité, la débauche.

Enfin, le mont de Vénus (à ne pas confondre avec une partie de l'anatomie féminine du même nom) indique la charité, le tempérament amoureux, l'élégance. L'excès est coquetterie, libertinage, frivolité; l'absence, égoisme et froideur.

Les phalanges comportent aussi des indications divinatoires (*figure 4*); ici encore, c'est la longueur de la phalange qui détermine les qualités prédominantes de l'individu.

Indépendamment de la chiromancie proprement dite, on tire des présages de divers aspects des mains, notamment du tressaillement.

Si la main droite démange, on doit bientôt serrer la main d'un étranger; si c'est la main gauche, on va recevoir de l'argent.

La main gauche qui tremble annonce un mariage, la main droite annonce la perte d'un ami.

Selon une ancienne coutume germanique, pour savoir si un enfant sera chanceux ou malchanceux au cours de sa vie, il faut lui donner des graines à semer: s'il les jette de la main droite, il sera favorisé par la bonne fortune.

Le pouce replié dans la main est signe d'avarice.

En Inde, on dit que si un père désire un enfant chaste, il ne doit pas permettre à son épouse, à partir du moment où elle est enceinte, de prendre la main d'un autre homme.

La tradition veut que les personnes qui se rongent les ongles aient le mauvais œil et portent malheur.

Mordiller ses ongles indique mauvaise chance et mauvais caractère.

Couper ses ongles en pleine mer présage une tempête, disent les matelots.

Des points blancs sur les ongles annoncent des cadeaux.

D'après la kabbale, les ongles sont un instrument dont les magiciens se servent pour leurs maléfices. Le Zohar affirme: "Pour que les ongles ne puissent pas servir aux pratiques des magiciens, il convient de les jeter au feu. Toute personne qui pose le pied, même chaussé, sur un ongle coupé, peut être lésée par les démons."

Autres parties du corps

La plante du pied qui démange annonce un voyage imminent à l'étranger.

Pour éloigner les mauvaises pensées nocturnes, on noue en Grande-Bretagne un morceau de ficelle autour du gros orteil gauche avant de se mettre au lit.

Pour éviter les cauchemars, il ne faut pas se coucher sur le dos; cela favorise tout particulièrement la visite des incubes et des succubes, et en général tous les rêves à contenu sexuel.

CHAPITRE X
LES JEUX

Il peut sembler bizarre que des jeux soient employés pour la divination. Car ils reposent sur des conventions, des règles de manipulation: celles-ci ne risquent-elles pas de fausser le message du Destin? Le problème, exprimé de cette façon, est mal posé. En fait, toute divination repose sur une convention, dès lors que l'on décide d'accorder telle ou telle signification à un événement donné. Il n'y a donc, de ce point de vue, aucune différence entre les jeux et les autres formes de divination; tout message suppose un code, et dès qu'il y a code il y a convention.

C'est l'action de la volonté du consultant (la personne qui interroge le Destin) qui est susceptible de brouiller la réception du message divinatoire: là réside la principale cause des erreurs. Souhaitant la réalisation de ses vœux, le consultant risque d'interpréter systématiquement le message en sa faveur, fût-ce de façon inconsciente.

Or les jeux, étant entièrement conventionnels, laissent peu de part à l'interprétation subjective; quand je tire une carte ou quand je lance un dé, je suis sûr que c'est cette figure, ce numéro, que j'ai tiré, et aucun autre. En revanche, reconnaître des formes dans une boule de cristal ou dans des volutes de fumée comporte beaucoup plus d'incertitude, car les signes sont moins immédiatement identifiables avec certitude.

C'est pourquoi, à moins de posséder ce don de clairvoyance auquel nous faisions allusion au début de cet ouvrage, il est vain de s'y consacrer en amateur.

Contrairement à ce qu'on pourrait penser de prime abord, les jeux, loin d'étendre le rayon d'action de la volonté, le rétrécissent: tout se fait de façon quasi-automatique. Le choix ne s'y exerce pas sur un domaine illimité, aux contours incertains, mais dans des conditions très strictes et selon une procédure réglée d'avance.

Les tarots

Le jeu de tarots dont on se sert pour la divination se compose de 78 cartes, dont 22 portent des figures symboliques appelées arcanes majeurs. Les 56 autres, divisées en bâtons, coupes, épées et deniers, se nomment arcanes mineurs.

Les 22 arcanes majeurs correspondent aux 22 lettres de l'alphabet hébreu et sont des symboles d'une extrême complexité; la sagacité des philosophes s'est exercée sur leur interprétation sans en épuiser la richesse. Voici leur signification usuelle.

1. Le Bateleur représente le consultant.
2. La Papesse: la consultante.
3. L'Impératrice: l'action, l'initiative.
4. L'Empereur: la volonté.
5. Le Pape: l'inspiration.
6. L'Amoureux: l'amour.
7. Le Chariot: le triomphe, une protection providentielle.

8. La Justice: elle-même.

9. L'Ermite: la prudence.

10. La Roue de fortune: la destinée.

11. La Force: elle-même.

12. Le Pendu: une épreuve, un sacrifice.

13. La Mort: elle-même.

14. La Tempérance: la chasteté, l'économie.

15. Le Diable: une maladie ou un cas de force majeure.

16. La Maison-dieu: une déception ou la ruine.

17. Les Etoiles: l'espoir.

18. La Lune: des ennemis cachés, un danger.

19. Le Soleil: le bonheur matériel, un mariage fécond.

20. Le Jugement: un changement de position sociale.

21. Le Monde: la réussite assurée.

22. Le Fou (ou mat): un coup de tête, la folie.[1].

Les 56 arcanes mineurs forment quatre séries: bâtons, coupes, épées, deniers. Chacune gouverne un aspect de l'existence. Les bâtons (correspondant au trèfle dans les tarots dont on se sert pous jouer) désignent les projets, les entreprises: création. Les coupes (cœur) désignent l'amour, l'enseignement: conservation. Les épées (pique) désignent la haine, la guerre: changement et transformation. Les deniers (carreau) désignent l'argent, le commerce: développement.

[1] Ces deux derniers arcanes sont quelquefois représentés dans l'ordre inverse.

Chaque série se compose de quatre figures (roi, dame, cavalier, valet) et de dix cartes numérotées de 1 à 10. Les figures représentent des personnes qui ont joué, jouent ou joueront un rôle dans l'existence du consultant; un homme (roi), une femme (dame), un jeune homme (cavalier), un enfant (valet). Les figures de bâton et d'épée indiquent des personnes brunes, celles de coupe et de denier des personnes blondes. Les figures de bâton et de coupe représentent des bons, celles d'épée et de denier des méchants.

Pour chaque série, la signification des dix cartes numérotées est la même. L'as signifie le commencement; le deux, l'opposition à ce commencement; le trois, la réalisation; le quatre, les obstacles; le cinq, l'opposition aux obstacles; le six, le triomphe des obstacles; le sept, le succès assuré; le huit, le succès partiel; le neuf, la durée du succès , l'équilibre; le dix, l'incertitude.

Pour savoir ce que présage une carte donnée, il suffit de combiner la signification du chiffre ou de la figure qu'elle porte avec celle de la série dont elle fait partie. Prenons par exemple le six de bâtons; nous savons que les bâtons représentent un projet ou une entreprise, et que le six est le triomphe des obstacles: six de bâtons signifie donc l'échec d'une entreprise qu'on se proposait de mener à bien.

Les cartes à jouer

Voici la signification divinatoire des cartes à jouer ordinaires.

Cœur

Roi: homme marié ou veuf, ami.

Dame: femme mariée ou veuve, amie.

Valet: jeune homme, ami.

Dix: signe favorable, horoscope.

Neuf: victoire.

Huit: joie, succès.

Sept: jeune fille amie, mariage.

Deux: le consultant ou la consultante.

As: la maison du consultant ou de la consultante.

Trèfle

Roi: homme marié ou veuf, ami prudent.

Dame: femme mariée ou veuve, amie fidèle, discrète, respectée.

Valet: jeune homme fidèle, vertueux, ami dévoué.

Dix: beaucoup d'argent.

Neuf: cadeau.

Huit: bénéfice d'argent.

Sept: jeune fille entreprenante et obligeante.

Deux: confident.

As: bonne conduite et présage de succès.

Carreau

Roi: homme marié ou veuf, étranger insolent, hostile.

Dame: femme mariée ou veuve, étrangère, jalouse, intrigante.

Valet: jeune homme étranger, hypocrite, intéressé.

Dix: voyage.

Neuf: nouvelles.

Huit: voyage du consultant ou de la consultante.

Sept: jeune fille étrangère, peine d'amour, changement.

Deux: confident.

As: lettre, chèque ou contrat.

Pique

Roi: faux ami, mauvais parent ou mari.

Dame: femme médisante, menteuse, vindicative.

Valet: jeune homme méchant, avare, orgueilleux.

Dix: peine de cœur, deuil.

Neuf: rupture, mort.

Huit: malheurs, larmes.

Sept: jeune fille volage et infidèle; rival.

Deux: confident.

As: persévérance, constance, possession; présage heureux.

Il faut préciser que lors du tirage des cartes, le sens de chacune se nuance en fonction de celles qui précèdent ou qui suivent. Ainsi un dix de carreau entre deux piques signifie un long voyage, entre deux cœurs un voyage court, entre deux trèfles, un voyage infructueux. Le neuf de carreau annonce une bonne nouvelle s'il est suivi d'un cœur ou d'un trèfle, mais une mauvaise nouvelle s'il est suivi d'un pique ou d'un carreau. Le neuf de pique est un voisin sinistre pour toutes les cartes.

Le nombre des combinaisons possibles est énorme: il y en a 262 144. Chaque tirage des cartes est donc singulier et pour ainsi dire diffère de tous les autres. Cette diversité toujours renouvelée des configurations, loin d'affaiblir la portée de la divination, la renforce, lui permettant de démêler avec la plus grande précision tous les aspects des destinées individuelles, dans leurs ramifications les plus subtiles et les plus secrètes.

Autres jeux

Lorsque, jouant aux dominos, un double-six et un double-cinq sortent successivement pour la même personne, elle doit s'attendre à recevoir un héritage.

La passion du jeu de billard favorise les incidents tristes.

En Italie, on prétend que pour avoir des enfants mâles il faut jouer régulièrement à la loterie.

Gagner au jeu prédit une perte d'amis; et, comme l'indique un dicton bien connu, "heureux au jeu, malheureux en amour".

Les joueurs assidus, pour que la chance soit toujours de leur côté, se procuraient autrefois de la corde de pendu; confirmation du caractère sinistre et diabolique de la passion des jeux quand elle n'est pas désintéressée.

Voici un exemple de jeu magique, tiré de la tradition de l'Inde ancienne. Quand une femme veut savoir quel sexe aura l'enfant qu'elle porte en son sein, elle doit dessiner la figure d'une étoile à cinq branches, en veillant à ce qu'elle ait deux pointes en haut et une en bas; puis elle numérotera les cinq pointes à partir de la gauche et ajoutera au centre le chiffre 6. Ensuite elle demandera à un enfant de mettre un doigt n'importe où sur la figure, en fermant les yeux. Si le doigt désigne le 5, le 3 ou le 1, ce sera une fille; s'il désigne le 6, le 4 ou le 2, ce sera un garçon; s'il tombe entre deux numéros, il faut recommencer, et si cela se produit trois fois de suite, l'enfant sera hermaphrodite. La taille du triangle ne doit pas être inférieure à la paume d'une main.

La géomancie est une méthode célèbre, mais trop complexe pour être résumée en quelques lignes. En voici le principe: on trace sur une feuille, d'un seul mouvement, seize lignes horizontales en pointillé, d'au moins quatorze points chacune; on groupe ces lignes quatre à quatre, et on lit de droite à gauche les figures que forment les points. Il y en a seize, groupées en diverses configurations: le chemin, le peuple, la tête et la queue du dragon, le garçon, la pucelle, la prison, la conjonction, la fortune majeure et la fortune mineure, le rouge, le blanc, la tristesse, la joie, la perte, l'acquisition.

CONCLUSION

La nature des présages

Au terme de ce trop bref parcours, il nous reste à éclaircir quelques points concernant la nature des présages.

Nous avons délibérément restreint notre exposé aux présages que chacun peut rencontrer dans le cours d'une vie ordinaire; ne s'y trouvent donc ni apparitions étranges ni bouleversements mystérieux de l'ordre naturel. Aux séductions de l'insolite et du fabuleux, la science des présages oppose l'observation patiente des faits éprouvés, apprenant à reconnaître les marques qu'y imprime le Destin. Elle fait apparaître les ressorts cachés des choses, visibles par tous et néanmoins obscurs au plus grand nombre, faute d'une initiation appropriée.

Au demeurant, la divination porte toujours, d'une certaine façon, sur des phénomènes inhabituels ou remarquables, même s'ils n'ont en eux-mêmes rien d'extraordinaire. Les présages, nous l'avons vu, sont relatifs à la personne qui les observe. Quand un phénomène est habituel pour quelqu'un, son caractère divinatoire éventuel s'estompe (même s'il s'agit d'un présage couramment admis). Par exemple, entendre un chat miauler le soir présage un malheur: mais si l'on possède un chat, il lui arrive sans doute de miauler le soir quand son dîner se fait attendre; dans ce cas il n'y a rien là que de très banal. Si en revanche le chat miaule sans raison apparente ou d'une manière bizarre, inhabituelle, on pourra être amené à penser que le Destin se manifeste à travers lui; car cela pouvait ne pas arriver.

La première règle de l'interprétation des présages est qu'il n'y a rien d'absolu, et qu'il faut toujours tenir compte de la situation dans laquelle on se trouve; ce qui est ordinaire, donc prévisible, dans certaines circonstances, est peut-être tout à fait exceptionnel dans d'autres, et a dès lors de fortes chances de constituer un présage.

Exclure le surnaturel n'équivaut pas à réduire les présages à de banales causes. Il faut insister sur la différence capitale, et même l'opposition complète, entre la relation symbolique (occulte) d'une part, unissant un signe prémonitoire à ce qu'il annonce et, d'autre part, la relation objective (rationnelle) par laquelle un effet est rapporté à une cause donnée.

La confusion entre ces deux types de relations vient d'une imprécision du vocabulaire des anciens auteurs. Ceux-ci parlaient, pour désigner la relation où l'on conclut d'une cause à un effet, de "présages naturels", et, pour celle où l'on établit un lien symbolique entre le signe et son accomplissement, de "présages artificiels". Le mot de présage, employé dans les deux cas, ne doit pas nous tromper: seule la seconde catégorie s'applique à la science des présages proprement dits; la première ne met en jeu que le bon sens et l'expérience.

C'est pourquoi nous avons écarté les prédictions météorologiques, trop souvent confondues avec les vrais présages. Si, de ce que les hirondelles volent bas, on peut déduire qu'il va bientôt pleuvoir, cela n'a rien à voir avec la philosophie occulte et ne concerne que l'expérience courante. Dire que les nuages noirs présagent la pluie est comme dire que la faim présage le repas ou que le bain présage la propreté: ce sont des abus de langage. La science des présages ne se ramène nullement à de telles tautologies.

Pour éviter toute confusion, il faut garder constamment à l'esprit que les présages ne sont pas la cause mais le signe de ce qui advient, sans autre lien que symbolique avec les événements qu'ils annoncent. C'est la seconde règle de l'interprétation, et l'ignorance de cette règle conduit à bien des erreurs d'appréciation.

Le lecteur se demande peut-être pourquoi aucun chapitre spécial n'a été consacré à la divination par les rêves ou oniromancie. La raison en est simple: la symbolique des rêves ne se distingue pas de la symbolique en général; tout ce qui figure dans cet ouvrage peut donc se retrouver dans les rêves avec exactement la même signification. Il est vrai que beaucoup de rêves sont extravagants, bizarres, mais ils sont par définition imprévisibles, et il serait vain de vouloir en recenser toutes les formes possibles.

L'interprétation des rêves prémonitoires est avant tout affaire d'à propos et de finesse d'esprit. D'après Synésius, auteur au début du Ve siècle de notre ère d'un *Traité des songes* fameux, “le sommeil s'offre à tous; c'est un oracle toujours prêt, un conseiller infaillible et silencieux; dans ces mystères d'un nouveau genre, chacun est à la fois le prêtre et l'initié”. Si l'on veut saisir la portée véritable d'un rêve il faut l'interpréter en tenant compte de la personne et de la situation dans laquelle elle se trouve.

En voici deux exemples caractéristiques. Tout d'abord le songe du Pharaon dans la *Genèse*: après avoir fait deux rêves mystérieux, “il fit appeler tous les devins de l'Egypte et tous les sages. Il leur raconta les songes qu'il avait eus, et personne n'était capable de les lui interpréter.” Il fait alors venir Joseph qui lui explique le sens de ces deux rêves prémonitoires; l'habileté et l'intelligence de Joseph réussissent là où les recettes et les méthodes, appliquées sans discernement par les devins, ont échoué.

Ensuite le songe de Descartes, tel qu'il nous a été rapporté par son contemporain Baillet. S'étant couché, un soir de novembre 1619, "tout rempli de son enthousiasme", car il avait fait ce jour-là une découverte importante, "il eut trois songes consécutifs en une seule nuit". Dans l'un de ces songes, il ouvre un livre au hasard et tombe sur des vers latins signifiant: "Quel chemin suivrai-je dans la vie?" Il se met alors à interpréter ces rêves à la lumière de sa situation personnelle, et en conclut, "que c'était l'Esprit de Vérité qui avait voulu lui ouvrir les trésors de toutes les sciences par ce songe", et lui révéler "ce qui devait lui arriver dans le reste de sa vie". Cet épisode est intéressant car il met en scène un philosophe célèbre pour son rationalisme et que l'on ne saurait suspecter de complaisance à l'égard de l'occulte, montrant par là le rôle que jouent les présages, toute superstition mise à part, aux moments décisifs de l'existence, et leur pouvoir de conviction.

Dans les rêves, le destin se manifeste à nous, pour ainsi dire, de l'intérieur; chacun porte en lui-même la clef de ses propres songes.

Quelle attitude adopter face aux présages?

La connaissance du sens littéral des présages n'est pas une fin en soi; reste à déterminer l'attitude que l'on adoptera. N'oublions pas que les messages du Destin sont susceptibles de lectures multiples; ce sont des conseils, non des ordres: la décision finale nous appartient.

Il faut avant tout se garder de la superstition aveugle. Nous avons insisté à plusieurs reprises sur le fait que la science des présages ne se confond pas avec la superstition; en voici les conséquences pratiques. Les personnes superstitieuses, prenant les présages au pied de la lettre sans voir au-delà des apparences, n'osent rien entreprendre ni décider par elles-mêmes et vivent dans une perpétuelle inquiétude. "Se peut-il rien voir de plus misérable que la vie de ces sortes de gens? Tout leur est suspect, tout leur fait peur, tout les embarrasse", écrivait saint Basile au IVe siècle.

C'est pour se moquer de la superstition et de ses excès que Caton, à une personne venue le consulter parce que les souris avaient rongé ses souliers, répondit que cela l'étonnait moins que si les souliers avaient rongé les souris.

L'histoire universelle nous montre de nombreux peuples courbés sous le joug de la superstition. Les Egyptiens, les Babyloniens étaient très superstitieux; mais nulle part la superstition n'atteignit le degré qu'elle eut chez les Aztèques, où elle régentait tyranniquement l'existence entière, de la naissance à la mort. "Lorsque l'homme naît, il se trouve automatiquement inséré dans cet ordre, saisi par cette machine toute-puissante. Le signe du jour de sa naissance le dominera jusqu'à sa mort: il déterminera même sa mort et par conséquent sa survie, selon qu'il aura été choisi pour mourir sacrifié ou noyé. Tout son sort est soumis à une rigoureuse prédestination. Il ne semble pas qu'on ait eu grand espoir de se soustraire à la mécanique inexorable des signes. Destins individuels et destins collectifs, tout découlait d'eux, et les dieux eux-mêmes n'étaient pas libres. Au total, la vision mexicaine de l'univers fait peu de place à l'homme. Il est dominé par le système des destinées, ni sa vie ni sa survie ne lui appartiennent, sa brève apparition sur la terre est déterminée dans toutes ses phases. Le poids des dieux et des astres l'écrase, la toute-puissance des signes l'enchaîne" (Jacques Soustelle, *La Vie quotidienne des Aztèques*). On le voit, le règne absolu de la superstition est un véritable empire de la terreur.

L'individu est toujours responsable de son destin. Croire que les présages nous dispensent de tout choix et de toute décision est une erreur d'appréciation, un préjugé qui correspond exactement à ce que le grand philosophe Leibniz appelait *fatum mahometanum*, le "Destin à la turque", ainsi nommé "parce que, dit-il, on impute aux Turcs de ne pas éviter les dangers, et de ne pas même quitter les lieux infectés de la peste". Cette attitude repose sur le raisonnement suivant, qualifié de "paresseux" par les Anciens car il invite à laisser les choses se faire sans y intervenir: "Si l'avenir est nécessaire, ce qui doit arriver arrivera quoi que je puisse faire". C'est parler pour ne rien dire que répéter, comme Jacques le fataliste: "C'était écrit dans le grand rouleau".

Le Destin nous indique les voies de l'avenir, mais celui-ci n'est pas écrit à l'avance dans ses moindres détails. Une part nous en incombe; c'est ce qu'exprime l'adage célèbre, essentiel pour comprendre l'esprit de la divination: *Astra inclinant, non necessitant* ("les astres inclinent, mais ne nécessitent pas"). Les présages montrent des tendances dont la confirmation ou l'infirmation dépendent de nous. Ainsi, selon les plus antiques traditions, "les grands événements annoncés par le destin et par des présages peuvent être modifiés avec des paroles", comme le rapporte Pline l'Ancien dans son *Histoire naturelle*, citant en exemple plusieurs cas de détournement de présages. En voici un.

> *"Lorsque, en creusant sur le mont Tarpéien les fondations du temple de Jupiter, les terrassiers trouvèrent une tête humaine, des députés furent envoyés, pour en*

avoir l'explication, auprès d'Olénus Calénus, le devin le plus célèbre d'Etrurie. Ayant reconnu là un présage de gloire et de bonheur, celui-ci tenta, en posant une question, de le reporter sur sa propre nation. Il traça d'abord devant lui, sur le sol, la figure d'un temple, avec son bâton, et parla ainsi: "C'est bien ceci que vous dites, Romains: c'est bien ici que s'élèvera le temple de Jupiter, c'est ici que nous avons trouvé la tête?" Le destin promis aurait passé à l'Etrurie si, prévenus par le fils du devin, les députés n'eussent répondu: "Non, ce n'est pas précisément ici, avons-nous dit, que fut trouvée la tête, mais à Rome."

Simon Métaphraste, dans sa *Vie de saint Marc*, raconte que l'évangéliste, allant prêcher le christianisme à Alexandrie, rompit son soulier en descendant du bateau qui l'avait amené; ce qui est le type même du mauvais présage, l'obstacle interrompant le commencement d'une entreprise. Sans se laisser décontenancer, saint Marc remercia Dieu de lui avoir envoyé ce signe pour lui annoncer l'heureuse issue de son voyage; il renversa ainsi à son profit la signification du présage.

De même, Guillaume le Conquérant, abordant avec sa flotte en Angleterre, tomba de son cheval à sa sortie du vaisseau, aux yeux de son armée assemblée au grand complet. Cette chute spectaculaire risquait de compromettre la conquête; mais il retourna la situation en embrassant soudain le sol, s'écriant: "Cette terre est à moi." Les soldats l'acclamèrent triomphalement, et il se rendit maître de l'Angleterre.

Les Romains pratiquaient couramment la substitution des noms qui recelaient un mauvais présage; quand ils tenaient un lieu pour maléfique, ils lui donnaient un nom de bon augure en guise d'exorcisme. Ainsi, par exemple, un endroit où l'eau n'était pas potable pouvait s'appeler "Bonnes eaux".

D'ailleurs, toutes les villes avaient deux noms: un nom public, connu de tous et anodin, et un deuxième nom que seuls les devins connaissaient et qui devait rester absolument secret, car c'était sur lui que les maléfices pouvaient s'exercer. Ce nom caché était le nom réel, au regard du Destin.

On peut, dans une certaine mesure, affirmer que "l'action des présages est en notre pouvoir et que leur valeur dépend de la façon dont on les interprète", selon la formule de Pline. Car "il est constant dans les règles des augures que ni les imprécations ni aucun présage n'ont d'effet sur ceux qui, avant quelque entreprise, déclarent ne pas y attacher d'importance". Mais rares sont les personnes capables d'une indifférence réelle à l'égard des signes du destin; ce n'est le plus souvent qu'une feinte. On croit se prémunir en affectant un scepticisme méprisant, et l'on se trompe soi-même: c'est la forme la plus insidieuse de superstition.

Ainsi, d'après le témoignage de Fontenelle, "le célèbre Tycho Brahé, un des plus grands astronomes qui furent jamais, n'avait garde de craindre les éclipses, comme le vulgaire les craint; il passait sa vie avec elles. Mais croiriez-vous bien ce qu'il craignait en leur place? Si, en sortant de son logis, la première personne qu'il rencontrait était une vieille, si un lièvre traversait son chemin, Tycho Brahé croyait que la journée devait être malheureuse, et retournait promptement se renfermer chez lui, sans oser commencer la moindre chose." Et Fontenelle conclut: "cet homme-là n'a pu se délivrer impunément de la crainte des éclipses". Chassez le naturel, il revient au galop.

Une autre attitude fausse, que nous avons déjà eu l'occasion de souligner, est l'interdiction hypocrite; on condamne ouvertement ce qu'on accepte en cachette. Ainsi la Bible jette l'anathème sur les devins: "Vous ne pratiquerez ni la divination ni la magie... Ne vous adressez ni aux esprits des morts ni aux devins, ne les interrogez pas de peur d'en être souillés" (*Lévitique*). Mais les prophètes sont-ils autre chose?

Toujours dans la Bible, on trouve plusieurs passages où, pour condamner la divination, on use d'arguments qui lui accordent un pouvoir réel; seulement, au lieu d'être positif, ce pouvoir est négatif. Le roi Saül, après avoir fait mettre à mort tous les magiciens et les devins, alla consulter une femme qui rendait des oracles: le premier livre des *Chroniques* voit là une des causes de sa mort. De même, d'après le second livre des *Rois*, Ochozias, roi d'Israël, étant tombé malade, fit consulter un dieu étranger, Belzébuth (le "dieu des mouches"), pour connaître ses chances de guérison. L'"ange de Dieu" manda alors à Ochozias le prophète Elie, qui lui dit: "Tu as envoyé des messagers consulter Belzébuth, dieu d'Accaron, comme s'il n'y avait point de Dieu en Israël que tu puisses consulter; à cause de cela, du lit sur lequel tu es monté tu ne descendras pas: tu mourras certainement." A la divination considérée comme démoniaque, on oppose la prophétie d'inspiration divine; mais c'est simplement remplacer une forme de divination par une autre.

Au XVIe siècle, exactement de la même façon, Martin d'Arles proclamait que la source des grands malheurs dont le royaume de Navarre était affligé de son temps venait de ce que tous, nobles ou gueux, consultaient les devins et les nécromanciens pour être informés à l'avance des moindres choses.

A toutes les époques de l'histoire, les gens appelés à exercer le pouvoir se sont entourés de devins. Rappelons les plus célèbres: Catherine de Médicis avait à son service le fameux Nostradamus, Richelieu consultait l'astrologue Jean-Baptiste Morin, Napoléon Mlle Lenormand, cartomancienne de renom, le tsar Nicolas II l'inquiétant Raspoutine, Hitler le sinistre Eric Hanussen. Il faut voir là une tendance permanente de l'esprit humain, l'individu cherchant à accorder sa destinée personnelle au Destin universel. Cherchant aussi parfois à le braver: sous le règne de l'empereur Valens, au IVe siècle, des devins demandèrent, par le moyen de l'alectryonomancie, quel serait son successeur; le coq mangea les graines correspondant aux lettres T, H, E, O et D. Valens, averti du fait, fit alors mourir tous les personnages importants dont le nom commençait ainsi. Il n'en eut pas moins pour successeur Théodose...

Inversement, Jules César, en 44 avant Jésus-Christ, négligea l'avertissement de son épouse Calpurnia, qui l'implorait de ne pas aller au Sénat le jour des ides de mars (15 mars) pour y recevoir le titre de roi, car elle avait vu sa mort en songe: présage que confirmaient les prédictions des augures. Il s'y rendit et fut assassiné par Brutus, son fils adoptif.

Hasard et Destin

Au IIe siècle après Jésus-Christ, le philosophe Hermocrate représentait le temps sous la forme d'une médaille, dont chaque face portait gravés les mots "Hasard" et "Destin". Sur une face figurait une épée, sur l'autre une rose des vents. Le philosophe grec voulait ainsi montrer que le hasard et le Destin, comme les deux faces d'une même pièce, sont deux aspects d'une unique réalité, deux façons différentes de dire la même chose.

L'habitude s'est prise d'opposer les deux notions. L'idée de hasard nous semble inconciliable avec celle de Destin. D'un côté, des événements sans suite et sans raison; de l'autre, un ordre, une direction. C'est ce que signifient de prime abord l'épée et la rose des vents: la force arbitraire qui s'abat (hasard) et les points cardinaux permettant de retrouver son chemin (Destin).

Mais un instant de réflexion nous montre que l'inverse est tout aussi vrai. Nous pouvons saisir l'épée pour nous en servir et faire de notre vie un Destin, en renversant le hasard; nous pouvons aussi, en cherchant notre chemin, nous égarer dans le labyrinthe des directions possibles et nous retrouver livrés au hasard, ayant perdu le fil du Destin. Hasard et Destin ne sont rien d'autre que l'idée que nous nous en faisons.

TABLE DES MATIERES

Achevé d'imprimer
en janvier 1998
à Milan, Italie, sur les presses
de Ingraf s.r.l.

Dépôt légal : janvier 1998
Numéro d'éditeur : 5207